Trezeşte-Te, Israele!

„Soarele se va preface în întuneric,
şi luna, în sânge,
înainte de a veni ziua Domnului,
ziua aceea mare şi înfricoşată.
Atunci oricine va chema Numele Domnului
va fi mântuit.
Căci mântuirea va fi pe muntele Sionului şi la Ierusalim,
cum a făgăduit Domnul,
şi între cei rămaşi pe care-i va chema Domnul."

(Ioel 2:31-32)

Trezeşte-Te, Israele!

Dr. Jaerock Lee

Trezeşte-Te, Israele! de Dr. Jaerock Lee
Publicat de către editura Urim Books (Reprezentant: Seongnam Vin)
73, Yeouidaebang-ro 22-gil, Dongjak-gu, Seul, Coreea
www.urimbooks.com

Toate drepturile rezervate. Nicio parte a acestei cărţi nu pot fi reprodusă sau transmisă sub nicio formă şi prin niciun mijloc, fie el electronic sau mecanic, inclusiv fotocopiere, înregistrare, şi nu va putea fi păstrată într-un sistem de recuperare de date, fără acordul scris anterior al editurii.

Citatele bilice au fost extrase din versiunea Dumitru Cornilescu şi Biblia Fidela.

Drepturi de autor pentru traducere © 2019 dr. Jaerock Lee.
ISBN: 979-11-263-0474-5 03230
Drept de autor Traducere © 2013 de Dr. Esther K. Chung.
Reprodusă cu permisiune.

Publicată anterior în limba coreeană de Urim Books în 2007.

Prima ediţie Martie 2019

Editată de Dr. Geumsun Vin
Prezentare: Biroul Editorial al Urim Books
Tipărită de către Prione Printing
Pentru mai multe informaţii, contactaţi-ne la urimbook@hotmail.com

Prefață

La începutul secolului al 20-lea, o serie de evenimente extraordinare au avut loc pe meleagurile golașe ale Palestinei, unde nimeni nu dorea să locuiască în acel moment. Evreii, care se împrăștiaseră prin întreaga Europă de Est, prin Rusia și restul globului, au început să se îngrămădească pe un pământ plin de mărăcini, sărăcie, foamere, boli și durere.

În ciuda ratei înalte de morbiditate datorată malariei și foametei, evreii nu și-au pierdut credința și ambițiile, ci au început să construiască kibbutz-uri (un loc de muncă în Israel, de exemplu, o fermă sau o fabrică, unde muncitorii locuiau împreună, împărțindu-și toate corvezile și veniturile). După cum a afirmat Theodor Herzl, fondatorul zionismului modern: „Dacă dorești acest lucru cu adevărat, acesta se va întâmpla", reclădirea Israelului a devenit o realitate.

Cu toată credința, reclădirea Israelului a fost considerată a fi un vis imposibil de obținut și nimeni nu dorea să creadă în el.

Totuși, evreii au îndeplinit acest vis, iar prin nașterea statului Israel, ei și-au recâștigat, în mod misterios, o națiune proprie pentru prima dată după aproximativ 1.900 de ani.

În ciuda persecuțiilor vechi de secole, în timp ce se afla pe pământuri care nu erau ale sale, poporul lui Israel și-a menținut credința, cultura și limba, pe care le-a îmbunătățit în mod constant. După fondarea statului modern Israel, locuitorii au cultivat pământurile golașe și s-au concentrat pe dezvoltarea mai multor industrii care le-au permis să intre în rândul țărilor dezvoltate, fiind un popor extraordinar, care a surmontat greutățile și a prosperat în ciuda amenințărilor continue.

După fondarea Bisericii Centrale Manmin în 1982, Dumnezeu mi-a destăinuit, prin intermediul Duhului Sfânt, o grămadă de lucruri despre Israel, deoarece independența Israelului reprezintă un semn al ultimelor zile și îndeplinirea profețiilor din Biblie.

Ascultați cuvântul Domnului, neamuri, și vestiți-l în ostroave depărtate! Spuneți: „Cel ce a risipit pe Israel îl va aduna și-l va păzi cum își păzește păstorul turma" (Ieremia 31:10).

Dumnezeu a ales poporul lui Israel pentru a-și dezvălui providența, prin care El a creat și a cultivat omul. La început, Dumnezeu l-a făcut pe Avraam, „părintele credinței", și a stabilit pe Iacov, nepotul lui Avraam, ca fiind fondatorul Israelului, și și-a proclamat dorința Sa descendenților lui Iacov și a îndeplinit providența cultivării omenirii.

Când Israel a crezut în cuvântul Domnului și a mers potrivit voinței sale cu supunere, s-a bucurat de slavă și onoare mare peste toate neamurile. În schimb, când s-a distanțat de Dumnezeu și nu I s-a supus, Israel a trecut prin multe dureri, inclusiv prin invazii străine, oamenii săi fiind nevoiți să trăiască ca vagabonzi prin toate colțurile pământului.

Totuși, chiar și când poporul lui Israel s-a confruntat cu greutățile datorate păcatelor sale, Dumnezeu nu l-a uitat. Israel a fost întotdeauna legat de Dumnezeu prin înțelegrea cu Avraam, iar Dumnezeu nu a încetat niciodată să lucreze pentru acest popor.

Sub grija și înderumarea extraordinară a lui Dumnezeu, Israel ca popor s-a menținut întotdeauna, și-a câștigat independența și, din nou, a devenit o națiune peste toate națiunile. Cum a putut fi menținut poporul lui Israel și de ce a fost reclădit Israelul?

Multă lume consideră că „Supraviețuirea evreilor este un miracol." Deoarece magnitudinea persecutărilor și a opresiunilor îndurate de poporul evreu în timpul Diasporei depășește orice imaginație, istoria Israelului în sine atestă adevărul prezentat în Biblie.

Totuși, un grad și mai mare de durere și disperare va avea loc după Cea De-a Doua Venire pe Pământ a lui Isus Hristos. Bineînțeles, cei care l-au acceptat pe Isus ca Mântuitorul lor vor fi ridicați la ceruri și vor lua parte la Ospățul de Nuntă cu Domnul. Cei care nu L-au acceptat pe Isus ca Mântuitor al lor, nu vor fi ridicați la ceruri în momentul Întoarcerii Sale și vor suferi Marele Necaz timp de șapte ani.

> *„Căci iată, vine ziua care va arde ca un cuptor! Toți cei trufași și toți cei răi vor fi ca miriștea; ziua care vine îi va arde", zice Domnul oștirilor, „și nu le va lăsa nici rădăcină, nici ramură"* (Maleahi 4:1).

Dumnezeu mi-a revelat deja în detaliu calamitățile care vor avea loc în timpul Marelui Necaz de Șapte Ani. Din această cauză, este dorința mea cea mai arzătoare ca poporul lui Israel, alesul lui Dumnezeu, să-L accepte, fără întârziere, pe Isus, care a venit pe pământ acum două mii de ani, ca Mântuitorul lor, pentru ca niciunul dintre ei să nu trebuiască să treacă prin Marele Necaz.

Prin mila lui Dumnezeu, am scris și am dedicat o lucrare, care oferă răspunsuri setei evreilor, de peste o mie de ani, de a-L întâlni pe Mesia și întrebărilor vechi care sunt veșnic ridicate.

Fie ca fiecare cititor al acestei cărți să înțeleagă mesajul disperat și plin de iubire, al lui Dumnezeu și să vină să-L întâlnească fără preget pe Mesia pe care Dumnezeu L-a trimis omenirii!

Vă iubesc pe fiecare din toată inima.

Noiembrie 2007
La casa de rugăciune Ghetsimani

Jaerock Lee

Cuprins

Prefață

Capitolul 1
Israel: Poporul ales de Dumnezeu

Începuturile cultivării omenirii _ 3
Marii strămoși _ 18
Cei care au mărturisit despre Isus Hristos _ 37

Capitolul 2
Mesia trimis de Dumnezeu

Dumnezeu Îl promite pe Mesia _ 57
Calitățile lui Mesia _ 64
Isus îndeplinește prorocirile _ 79
Moartea lui Isus și prorocirile privind poporul
lui Israel _ 87

Capitolul 3
Dumnezeul în care crede Israelul

Legea și tradiția bătrânilor _ 97
Adevăratul scop pentru care Dumnezeu ne-a dat Legea _ 107

Capitolul 4
Priviți și ascultați!

Spre zilele din urmă _ 127
Cele zece degete de la picioare _ 143
Iubirea nețărmurită a lui Dumnezeu _ 154

"Steaua lui David", simbolul comunității evreiești, de pe steagul Israelului

Capitolul 1

Israel: Poporul ales de Dumnezeu

Începuturile cultivării omenirii

Moise, marele conducător al poporului lui Israel, care și-a eliberat poporul din robie în Egipt și l-a condus pe Pământul Făgăduinței din Canaan și a servit drept intermediar al lui Dumnezeu, a început să-I scrie Cuvântul în Cartea Genezei după cum urmează:

La început, Dumnezeu a făcut cerurile și pământul (1:1).

Dumnezeu a creat cerurile și pământul și tot ceea ce era în ele în șase zile și s-a odihnit și a binecuvântat și sfințit ziua a șaptea. Așadar, de ce a creat Dumnezeu Creatorul universul și tot ceea ce se găsește într-însul? De ce a creat omul și a permis numeroșilor oameni de la Adam să locuiască pe pământ?

Dumnezeu i-a căutat pe cei cu care să schimbe iubire pe vecie

Înainte de crearea cerurilor și a pământului, Dumnezeu cel Atotputernic a existat în universul nelimitat precum lumina în care se găsea sunetul. După o lungă perioadă de singurătate,

Dumnezeu a dorit să aibă persoane cu care să schimbe iubire pe vecie.

Dumnezeu poseda nu doar natura divină care îl definea ca şi Creator, ci şi natura umană prin care simţea bucuria, mânia, tristeţea şi plăcerea. Aşadar, El a dorit să dea iubire altora şi să primească iubire de la alţii. În Biblie, se fac multe referiri la natura umană a lui Dumnezeu. El a fost mulţumit şi încântat de faptele neprihănite ale israeliţilor (Deuteronomul 10:15; Pildele 16:7), dar s-a întristat şi s-a mâniat când aceştia au păcătuit (Exodul 32:10; Numeri 11:1, 32:13).

Sunt momente în care fiecare persoană îşi doreşte să stea singură, dar persoana respectivă va fi mult mai fericită dacă are un prieten cu care să-şi împartă inima. Deoarece Dumnezeu poseda natura umană, El a dorit să existe persoanele cărora să le ofere iubirea Sa.

„N-ar fi un prilej de bucurie să am copii care să-Mi înţeleagă inima şi cărora să le dau iubire şi de la care să primesc iubire pe acest tărâm atât de întins şi totuşi profund?"

În momentul alegerii Sale, Dumnezeu şi-a făcut un plan pentru a dobândi copii adevăraţi care să-I semene. În acest scop, Dumnezeu a creat nu doar tărâmul duhovnicesc, ci şi tărâmul fizic în care omenirea urma să trăiască.

Unii s-ar putea întreba: „Sunt multe gazde şi îngeri dumnezeieşti în ceruri, care sunt extrem de ascultători. De ce, atunci, s-a chinuit Dumnezeu să creeze omul?" Totuşi, cu excepția câtorva îngeri, majoritatea ființelor din ceruri nu posedă natură umană, care este cel mai important dintre toate elementele necesare în oferirea și primirea de iubire: voința proprie prin care pot alege singuri. Asemenea ființe cerești sunt precum roboții; sunt ascultătoare, dar nu simt bucuria, mânia, tristețea sau plăcerea și nu sunt capabile de a da și de a primi iubire din adâncul inimii.

Să presupunem că există doi copii, iar unul dintre ei, fără a-și exprima vreodată emoțiile, părerile sau iubirea, este ascultător și face totul așa cum i se cere. Celălalt copil, în schimb, deși își dezamăgește părinții din când în când, este gata să se căiască pentru prostiile făcute, se agață de părinții săi cu iubire și își exprimă iubirea în diferite moduri.

Pe care dintre aceștia doi l-ați prefera? Fără îndoială, pe al doilea. Chiar dacă aveți un robot care face toate corvezile, nimeni nu va prefera vreodată un robot ca și copil. La fel, Dumnezeu l-a preferat pe om, care I se supune cu rațiune și simțire, gazdelor și îngerilor cerești, asemănătoare unor roboți.

Providența lui Dumnezeu pentru a dobândi copii adevărați

După crearea primului om, Adam, Dumnezeu a trecut la crearea Grădinii Edenului și i-a permis acestuia să o stăpânească. Erau de toate în Grădina Edenului, iar Adam a stăpânit-o cu voința proprie și cu autoritatea dată lui de către Dumnezeu. Totuși, a existat un singur lucru pe care Dumnezeu i l-a interzis.

> *Poți să mănânci după plăcere din orice pom din grădină; dar din pomul cunoștinței binelui și răului să nu mănânci, căci în ziua în care vei mânca din el vei muri negreșit* (Geneza 2:16-17).

Acesta a fost sistemul stabilit de Dumnezeu între Dumnezeul Creator și omenirea creată, dorind ca Adam să I se supună cu propria sa voință și din adâncul inimii. Dar, după mai mult timp, Adam a nesocotit cuvântul lui Dumnezeu și a comis păcatul nesupunerii, mâncând din pomul cunoștinței binelui și răului.

În Geneza 3, există o scenă în care șarpele, care a fost instigat de Satana, o întreabă pe Eva: „Oare a zis Dumnezeu cu adevărat: „Să nu mâncați din toți pomii din grădină"? (v. 1). Eva i-a răspuns: „Dumnezeu a zis: Să nu mâncați din el și nici să nu vă atingeți de el, ca să nu muriți" (v. 2).

Dumnezeu i-a spus Evei într-un mod foarte clar: „În ziua în care veți mânca din el, veți muri negreșit," dar ea a schimbat porunca Domnului în „ca să nu muriți."

Când și-a dat seama că Eva nu credea în această poruncă cu inima, șarpele a devenit mai agresiv, tentând-o: „Hotărât, că nu veți muri!", i-a spus Evei. Și a adăugat: „Dar Dumnezeu știe că, în ziua când veți mânca din el, vi se vor deschide ochii și veți fi ca Dumnezeu, cunoscând binele și răul" (v. 5).

Când Satana a insuflat dorința în mintea femeii, ea a început să vadă diferit pomul cunoștinței binelui și răului. Pomul era bun de mâncat și plăcut de privit și era de dorit ca să deschidă cuiva mintea. Eva i-a mâncat rodul și i-a dat și bărbatului ei, care a mâncat și el.

În acest fel Adam și Eva au comis păcatul nesocotirii cuvântului lui Dumnezeu și și-au semnat condamnarea la moarte (Geneza 2:17).

Aici, „moarte" nu se referă la moartea trupească, prin care răsuflarea părăsește corpul, ci la moartea duhovnicească. După ce a mâncat din pomul cunoștinței binelui și răului, Adam a dat naștere copiilor și a murit la vârsta de 930 de ani (Geneza 5:2-5). De aici știm că „moarte" nu se referă la moartea fizică.

Omul a fost creat inițial ca o combinație de duh, suflet și trup. Poseda duh prin care comunica cu Dumnezeu; suflet care era controlat de duh; și trup care servea ca platoșă pentru duh și suflet. În cazul în care poruncile lui Dumnezeu nu erau respectate și se comitea un păcat, duhul murea, iar comunicarea cu Dumnezeu suferea și ea, iar aceasta este „moartea" despre care Dumnezeu vorbea în Geneza 2:17.

După ce au păcătuit, Adam și Eva au fost izgoniți din minunata și îndestulătoarea Grădină a Edenului. Și așa a început nenorocirea pentru omenire. Durerea de la naștere a fost mărită foarte mult pentru femeia ale cărei dorințe se țineau după bărbatul ei, care va stăpâni peste ea, iar bărbatul urma să mănânce hrana pe care să o scoată din pământ cu multă trudă

(Geneza 3:16-17).

În Geneza 3:23, ni ne spune că: „*De aceea Domnul Dumnezeu l-a izgonit din grădina Edenului, ca să lucreze pământul din care fusese luat.*" Aici, „să lucreze pământul" înseamnă nu doar truda omului pentru a cultiva pământul, ci faptul că el – creat din pământ – trebuia „să-şi şi cultive inima" în timp ce trăia pe pământ.

Cultivarea omenirii începe cu păcatul lui Adam

Adam a fost creat ca o fiinţă umană şi nu avea rău în inimă; aşadar, el nu trebuia să-şi cultive inima. În schimb, după ce a păcătuit, inima lui Adam a fost umbrită de neadevăr, trebuind astfel să-şi cultive inima într-o inimă curată, aşa cum era înainte de păcătuire.

Aşadar, Adam a fost nevoit să-şi cultive inima care devenise plină de neadevăruri şi păcate într-o inimă curată şi să dovedească că este un copil adevărat al lui Dumenzeu după ce a păcătuit. Când Biblia zice: „Dumnezeu l-a izgonit din Grădina Edenului ca să lucreze pământul din care fusese luat", aceasta înseamnă de fapt „cultivarea omenirii de către Dumnezeu."

De obicei, „cultivarea" se referă la procedura prin care fermierul plantează seminţe, are grijă de grânele sale şi culege roadele. Pentru „a cultiva" omenirea de pe pământ şi a obţine roade bune care înseamnă „copii adevăraţi ai lui Dumnezeu",

Dumnezeu a plantat primele semințe, pe Adam și pe Eva. Prin Adam și Eva, care au nesocotit porunca lui Dumnezeu, un număr nesfârșit de copii s-au născut, iar prin cultivarea omenirii de către Dumnezeu, nenumărați s-au născut din nou ca și copii ai lui Dumnezeu prin cultivarea inimilor lor și prin recrearea imaginii pierdute a lui Dumnezeu.

Astfel, „cultivarea omenirii de către Dumnezeu" se referă la întregul process prin care Dumnezeu guvernează istoria omenirii, de la creare la Ziua Judecății, pentru a dobândi copii adevărați.

Așa cum un fermier supraviețuiește inundațiilor, secetelor, înghețurilor și culege roade minunate în cele din urmă, tot așa și Dumnezeu a controlat totul pentru a dobândi copii adevărați, care se convertesc după ce trec prin moarte, boli și alte tipuri de suferințe în timpul vieții lor pe acest pământ.

Motivul pentru care Dumnezeu a plantat pomul cunoștinței binelui și răului în Grădina Edenului

Unii se întreabă: „De ce oare a plantat Dumnezeu pomul cunoștinței binelui și răului prin care omul a ajuns să păcătuiască și să se distrugă?" Motivul este minunata providență a lui Dumnezeu prin care El îi lăsa pe oameni să-și dea seama de „relativitate."

Majoritatea oamenilor consideră că Adam și Eva erau extrem de fericiți să trăiască în Grădina Edenului deoarece acolo nu existau lacrimi, tristețe, boli sau dureri. Dar Adam și Eva nu cunoşteau fericirea adevărată şi iubirea, deoarece nu ştiau nimic despre ideea de relativitate în Grădina Edenului.

De exemplu, cum ar reacţiona doi copii când primesc aceeaşi jucărie dacă unul a fost crescut într-o familie influentă, iar celălalt într-o familie săracă? Ultimul copil ar fi mult mai fericit şi recunoscător pentru jucărie decât copilul din familia de vază.

Dacă înţelegeţi valoarea adevărată a unui lucru, trebuie să cunoaşteţi şi să experimentaţi opusul acesteia. Doar după ce aţi suferit de boli, veţi aprecia valoarea adevărată a sănătăţii de fier. Doar după ce vă veţi fi dat seama de moarte şi de iad, veţi putea să apreciaţi valoarea vieţii veşnice şi să-I mulţumiţi lui Dumnezeu din inimă pentru că v-a oferit cerurile veşnice.

În îndestulătoarea Grădină a Edenului, primul om, Adam, se bucura de tot ceea ce-I dăduse Dumnezeu, chiar şi de puterea de a stăpâni alte creaturi. Totuşi, deoarece acestea nu erau rodul muncii şi trudei sale, Adam nu a fost capabil să înţeleagă cu adevărat importanţa acestora sau să-L aprecieze pe Dumnezeu pentru ele. Doar după ce Adam a fost izgonit din această lume şi a simţit lacrimile, tristeţea, bolile şi chinurile, nenorocul şi moartea, a realizat diferenţa dintre bucurie şi durere şi cât de valoroase erau libertatea şi prosperitatea date de Dumnezeu în Grădina Edenului.

Ce bine ne-ar face viaţa veşnică dacă nu am cunoaşte bucuria sau tristeţea? Deşi ne confruntăm cu dificultăţi pentru un timp, dacă mai târziu ne dăm seama de acestea și spunem: „Aceasta este bucurie!", viețile noastre vor avea și mai mult sens și vor fi și mai binecuvântate.

Nu-i așa că există părinți care nu-și trimit copiii la școală doar pentru că știu că studiatul e dificil? Dacă părinții și-ar iubi copiii cu adevărat, i-ar trimite la școală și i-ar lăsa să studieze și să experimenteze diverse lucruri pentru a-și clădi un viitor mai bun.

Inima lui Dumnezeu, care a creat omenirea și pe care o cultivă, este exact la fel. Exact din acest motiv, Dumnezeu a sădit pomul cunoștinței binelui și răului, nu l-a oprit pe Adam să mănânce conform propriei sale voințe și i-a permis să experimenteze bucuria, mânia, tristețea și plăcerea în timpul cultivării omenirii. Aceasta deoarece omul îl poate iubi și venera pe Dumnezeu, care El Însuși este iubire și adevăr, din adâncul inimii, doar după ce a experimentat relativitatea și a înțeles adevărata iubire, bucurie și recunoștință.

Prin procesul cultivării umane, Dumnezeu a dorit să dovândească copii adevărați care să ajungă s-I cunoască inima și să i se asemene, și să trăiască cu ei în ceruri împărtășind iubirea veșnică și adevărată cu ei pentru totdeauna.

Cultivarea omenirii începe în Israel

Când primul om, Adam, a fost izgonit din Grădina Edenului după ce a nesocotit porunca Domnului, lui nu i-a fost dat dreptul de a alege zona pe care urma să se stabilească, ci acesta a

fost stabilită de către Dumnezeu. Această zonă a fost Israel.
În această zonă, s-a găsit voința și providența lui Dumnezeu. După ce a gândit un plan măreț pentru cultivarea omenirii, Dumnezeu a ales poporul lui Israel drept model pentru cultivarea omenirii. Din acest motiv, Dumnezeu i-a permis în mod special lui Adam să ducă o viață nouă pe un tărâm pe care urma să fie clădită națiunea Israelului.

După trecerea timpului, nesfârșite popoare au apărut din descendenții lui Adam, iar națiunea Israel a fost concepută în vremea lui Iacov, un descendent al lui Avraam. Dumnezeu a dorit să-Și arate slava și providența de a cultiva omenirea prin istoria Israelului. Nu era vorba doar de israeliți, ci de oamenii din toată lumea. Așadar, istoria Israelului, de care s-a ocupat Însuși Dumnezeu, nu este doar istoria unui popor, ci un mesaj divin pentru întreaga omenire.

De ce, atunci, a ales Dumnezeu poporul lui Israel ca model de cultivare a omenirii? Datorită caracterului superior al acestui popor, cu alte cuvinte, al ființei interioare perfecte a israeliților.
Israel este un descendent al „părintelui credinței", Avraam, de care Dumnezeu a fost foarte mulțumit și un descendent al lui Iacov, care a fost atât de tenace, încât a reușit. De aceea, chiar după ce și-au pierdut țara și trăiesc ca vagabonzii de secole, israeliții nu și-a pierdut identitatea.
Mai presus de toate, poporul lui Israel a menținut, timp de mii de ani, cuvântul lui Dumnezeu, care a fost prorocit prin

oameni ai lui Dumnezeu, și a trăit potrivit acestuia. Bneînțeles, au existat momente în care întreaga națiune s-a distanțat de cuvântul lui Dumnezeu și a păcătuit împotriva Lui, dar în cele din urmă, poporul s-a căit și s-a reîntors la Dumnezeu. Poporul lui Israel nu și-a pierdut credința în DOMNUL Dumnezeu. Restaurarea statului Israel în secolul al 20-lea ne arată cu claritate tipul de inimă pe care îl are acest popor ca descendent al lui Iacov.

Ezechiel 38:8 ne spune că: *„După multe zile, vei fi în fruntea lor; în vremea de apoi, vei merge împotriva țării ai cărei locuitori scăpați de sabie vor fi strânși dintre mai multe popoare pe munții lui Israel care multă vreme fuseseră pustii; dar, fiind scoși din mijlocul popoarelor, vor fi toți liniștiți în locuințele lor."* Aici, „în vremea de apoi" se referă la momentul în care cultivarea omenirii se va apropia de sfârșit, iar „munții lui Israel" semnifică orașul Ierusalim, care se găsește la aproximativ 760 m deasupra nivelului mării.

Așadar, când Prorocul Ezechiel spune că mulți *„locuitori [vor fi] strânși dintre mai multe popoare pe munții lui Israel"*, aceasta înseamnă că israelienii se vor aduna din toată lumea și vor restaura statul Israel. Potrivit cuvântului lui Dumnezeu, Israel, care a fost distrus de către romani în anul 70 d.Hr., s-a proclamat ca stat în 14 mai 1948. Pământul „fusese pustiu multă vreme", dar astăzi, israelienii au construit o națiune puternică, care nu poate fi ușor trecută cu vederea sau provocată.

Scopul alegerii de către Dumnezeu a israeliților

De ce a început Dumnezeu cultivarea omenirii pe pământul Israelului? De ce a ales Dumnezeu poporul lui Israel și a guvernat istoria Israelului?

Mai întâi, Dumnezeu a dorit să spună tuturor popoarelor prin istoria Israelului că El este Creatorul cerurilor și pământului, că doar El este adevăratul Dumnezeu și că este viu. Studiind istoria Israelului, chiar și gentilii pot simți foarte ușor prezența lui Dumnezeu și îi pot înțelege providența de a guverna istoria omenirii.

Toate popoarele vor vedea că tu porți Numele Domnului și se vor teme de tine (Deuteronomul 28:10).

Ferice de tine, Israele! Cine este ca tine, un popor mântuit de Domnul, Scutul care îți dă ajutor și sabia care te face slăvit? Vrăjmașii tăi vor face pe prietenii înaintea ta, și tu vei călca peste înălțimile lor (Deuteronomul 33:29).

Alesul lui Dumnezeu, poporul lui Israel, s-a bucurat de un mare privilegiu și putem observa acest lucru studiind istoria israelului.

De exemplu, când Rahav i-a primit pe cei doi bărbați pe care Iosua îi trimisese pentru a cerceta tărâmul Canaan, ea le-a spus:

"Fiindcă am auzit cum, la ieşirea voastră din Egipt, Domnul a secat înaintea voastră apele Mării Roşii şi am auzit ce aţi făcut celor doi împăraţi ai amoriţilor dincolo de Iordan, lui Sihon şi Og, pe care i-aţi nimicit cu desăvârşire. De când am auzit lucrul acesta, ni s-a tăiat inima şi toţi ne-am pierdut nădejdea înaintea voastră; căci Domnul Dumnezeul vostru este Dumnezeu sus în ceruri şi jos pe pământ" (Iosua 2:9-11).

În timpul robiei israeliţilor în Babilon, Daniel a mers cu Domnul, iar Nebucadneţar, împăratul Babilonului, L-a simţit pe Dumnezeu cu care se plimba Daniel. După ce împăratul l-a simţit pe Dumnezeu, nu a putut decât *„să laude, înalţe şi slăvească pe Împăratul cerurilor, căci toate lucrările Lui sunt adevărate, toate căile Lui sunt drepte, şi El poate să smerească pe cei ce umblă cu mândrie!"* (Daniel 4:37).

Acelaşi lucru s-a întâmplat când Israelul se găsea sub dominaţia Persiei. Când au văzut minunile înfăptuite de Dumnezeu şi răspunzând rugăciunii împărătesei Estera, *„mulţi oameni dintre popoarele ţării s-au făcut iudei, căci îi apucase frica de iudei"* (Estera 8:17).

Astfel, chiar şi gentilii L-au simţit pe Dumnezeul care a lucrat pentru israeliţi, au ajuns să le fie teamă de Dumnezeu şi să-l proslăvească.

În al doilea rând, Dumnezeu l-a ales pe Israel şi i-a condus poporul, deoarece El dorea ca toată omenirea să înţeleagă din istoria Israelului motivul pentru care El a creat și a cultivat omul.

Dumnezeu cultivă omenirea, deoarece El dorește să dobândească copii adevărați. Un copil adevărat al lui Dumnezeu este cel care îi seamănă, deoarece el este iubire și bunătate în esență și cel care este neprihănit și sfânt. Acest lucru se întâmplă, deoarece acești copii ai lui Dumnezeu Îl iubesc și trăiesc după dorința sa.

Când poporul lui Israel a trăit potrivit poruncilor lui Dumnezeu și L-a slujit, El a pus israeliții deasupra tuturor popoarelor. În schimb, când poporul lui Israel s-a închinat la idoli și a uitat poruncile lui Dumnezeu, acesta a trebuit să suporte toate nenorocirile și calamitățile precum războiul și dezastrele naturale sau chiar robia.

Prin fiecare pas al procesului, israeliții au învățat să fie umili înaintea lui Dumnezeu și, de fiecare dată când au făcut acest lucru, Dumnezeu le-a arătat mila și iubirea sa necontenită și i-a adus în brațele milosteniei sale.

Când împăratul Solomon L-a iubit pe Dumnezeu și I-a respectat poruncile, el s-a bucurat de mare glorie și splendoare, dar când a început să se distanțeze de Dumnezeu și să se închine la idoli, gloria și splendoarea de care se bucura s-au stins. Când împărații Israelului precum David, Iehosafat și Ezechia au respectat legea lui Dumnezeu, țara a fost puternică și a progresat, dar a devenit slabă și a fost invadată de străini în timpul domniilor împăraților care nu au mers pe cărările Domnului.

Istoria Israelului ne arată foarte clar voința lui Dumnezeu și servește drept oglinda care reflectă voința lui Dumnezeu pentru toate popoarele și neamurile. Voința Sa proclamă ca neamul format după chipul și asemănarea lui Dumnezeu să-I păstreze poruncile și să devină sfânt potrivit cuvântului Său, primind astfel binecuvântările lui Dumnezeu.

Poporul lui Israel a fost ales pentru a arăta providența lui Dumnezeu printre toate popoarele și a fost foarte binecuvântat pentru că L-a slujit, fiind neamul de preoți care păstrează cuvântul lui Dumnezeu. Chiar și atunci când poporul a păcătuit, Dumnezeu i-a iertat de păcate atâta vreme cât s-au căit cu o inimă umilă, așa cum le promisese străbunilor lor.

Mai presus de orice, cea mai mare binecuvântare pe care Dumnezeu a promis-o și a păstrat-o pentru poporul ales a fost minunata promisiune a slavei că Mesia va veni printre ei.

Marii străbuni

De-a lungul istoriei omenirii, Dumnezeu a protejat poporul lui Israel cu aripile Sale și a trimis oameni ai lui Dumnezeu în momentul predestinat, pentru ca numele de Israel să nu dispară. Oamenii lui Dumnezeu au fost cei care au apărut ca roade adecvate potrivit providenței lui Dumnezeu pentru cultivarea omenirii și care au respectat cuvântul lui Dumnezeu cu iubirea pentru El. Dumnezeu a pus fundația națiunii Israelului prin marii străbuni ai Israelului.

Avram, Părintele Credinței

Avram a devenit părinte al credinței datorită credinței și supunerii sale și a condus o națiune mare. S-a născut acum aproximativ patru mii de ani în Ur din Haldeea, iar după ce a fost chemat de Dumnezeu, el I-a câștigat iubirea și recunoașterea până într-atât încât a fost numit „prietenul" lui Dumnezeu.

Dumnezeu i-a făcut următoarea promisiune lui Avram:

Ieși din țara ta, din rudenia ta și din casa tatălui tău și vino în țara pe care ți-o voi arăta. Voi face din tine un neam mare și te voi binecuvânta; îți voi face un nume mare şi vei fi o binecuvântare (Geneza 12:1-2).

Pe atunci, Avram nu mai era tânăr, nu avea moştenitori şi nu ştia încotro se îndreaptă; aşadar, supunerea nu era un lucru uşor pentru el. Deşi nu ştia încotro se îndreaptă, Avram a plecat deoarece avea încredere deplină în cuvântul lui Dumnezeu, care întotdeauna îşi ţine promisiunile. Astfel, Avram a făcut totul cu credinţă, iar în timpul vieţii sale, a primit toate binecuvântările pe care i le promisese Dumnezeu.

Avram nu doar i s-a supus total Domnului şi a făcut fapte de credinţă, ci întotdeauna a căutat să fie pace şi bunăvoinţă la oamenii din jurul lui.

De exemplu, când Avram a părăsit Haranul potrivit poruncii Domnului, nepotul său, Lot, a plecat împreună cu el. După ce averile lor deveniseră foarte întinse, Avram şi Lot nu au mai putut rămâne pe aceleaşi meleaguri. Lipsa păşunilor şi a apei „a iscat o ceartă între păzitorii vitelor lui Avram şi păzitorii vitelor lui Lot" (Geneza 13:7). Deşi Avram era mult mai bătrân, el nu a încercat să-şi revendice pământurile. El i-a cerut nepotului său, Lot, să meargă şi să-şi aleagă cel mai bun pământ. În Geneza 13:9, el îi spune lui Lot: „*Nu-i oare toată ţara înaintea ta? Mai bine desparte-te de mine: dacă apuci tu la stânga, eu voi apuca la dreapta; dacă apuci tu la dreapta, eu voi apuca la stânga.*"

Deoarece Avram era un om cu o inimă pură, el nu a luat nici măcar un fir de aţă, nici măcar o curea de încălţăminte care aparținea altcuiva (Geneza 14:23). Când Dumnezeu i-a spus că orașele Sodoma și Gomora, care erau pline de păcat, vor fi distruse, Avram, un om cu iubire duhovnicească, a stăruit pe lângă Dumnezeu și a primit cuvântul Său că nu va distruge cetatea Gomorei dacă se găseau zece oameni neprihăniți în cetate.

Bunătatea și credința lui Avram au fost perfecte chiar și atunci când Dumnezeu i-a cerut viața unicului său fiu ca ofrandă.

În Geneza 22:2, Dumnezeu i-a poruncit lui Avram: „*Ia pe fiul tău, pe singurul tău fiu, pe care-l iubești, pe Isaac; du-te în țara Moria și adu-l ardere de tot acolo, pe un munte pe care ți-l voi spune.*"

Isaac a fost fiul lui Avram și s-a născut când acesta avea o sută de ani. Înainte de nașterea lui Isaac, Dumnezeu îi spusese deja lui Avraam că cel care va ieși din propriul său corp va fi moștenitorul său și că numărul descendenților va fi egal cu numărul stelelor. Dacă Avraam și-ar fi urmat gândurile trupești, nu ar fi putut satisface porunca Domnului și nu l-ar fi putut da drept ofrandă pe Isaac. Totuși, Avraam s-a supus imediat, fără să ceară motive.

În momentul în care Avraam și-a întins mâna pentru a-l tăia pe Isaac după ce a construit altarul, îngerul Domnului a strigat din ceruri și i-a spus: „*Avraame! Avraame! Să nu pui mâna pe băiat și să nu-i faci nimic; căci știu acum că te temi de Dumnezeu, întrucât n-ai cruțat pe fiul tău, pe singurul tău fiu, pentru Mine*" (Geneza 22:11-12). Cât de emoționantă și de binecuvântată este această scenă!

Deoarece el niciodată nu avea gânduri trupești, nu existau conflicte în inima lui Avraam, iar el se putea supune fără crâcnire poruncii lui Dumnezeu prin credință. El și-a pus toată încrederea în Dumnezeul cel credincios, care cu siguranță urma să-i îndeplinească ceea ce promisese, Dumnezeul cel Atotputernic, care învie morții, și Dumnezeul iubirii, care le dorește numai bine copiilor Săi. Deoarece inima lui Avraam era făcută doar din supunere și arăta dovezi de credință, Dumnezeu l-a acceptat pe Avraam ca părinte al credinței.

Pentru că ai făcut lucrul acesta și n-ai cruțat pe fiul tău, pe singurul tău fiu, te voi binecuvânta foarte mult și-ți voi înmulți foarte mult sămânța, și anume: ca stelele cerului și ca nisipul de pe țărmul mării; și sămânța ta va stăpâni cetățile vrăjmașilor ei. Toate neamurile pământului vor fi binecuvântate în sămânța ta, pentru că ai ascultat de porunca Mea!" (Geneza 22:16-18).

Deoarece Avraam avea tipul de măreție, de bunătate și de credință care să-I placă lui Dumnezeu, el a fost numit „prietenul" lui Dumnezeu și părinte al credinței. De asemenea, el a devenit părintele tuturor neamurilor și sursa de binecuvântări, așa cum îi promisese Dumnezeu când i-a vorbit pentru prima oară: *„ Voi binecuvânta pe cei ce te vor binecuvânta și voi blestema pe cei ce te vor blestema; și toate familiile pământului vor fi binecuvântate în tine"* (Geneza 12:3).

Providența lui Dumnezeu prin Iacov, părintele poporului lui Israel, și Iosif Visătorul

Isaac a fost fiul lui Avraam, părintele credinței, iar Esau și Iacov au fost fiii săi. Dumnezeu l-a ales pe Iacov, a cărui inimă era superioară celei a fratelui său, când acesta se găsea încă în pântecele mamei sale. Iacov va fi numit mai târziu „Israel", stând la originea neamului lui Israel, fiind părintele celor 12 Triburi.

Mergând până la a cumpăra dreptul de întâi născut al fratelui său mai mare, Esau, pentru ciorba de linte, și până la obținerea de binecuvântări care i se cuveneau lui Esau înșelându-l pe tatăl său Isaac, Iacov își dorea cu nesaț binecuvântările lui Dumnezeu și problemele duhovnicești. Iacov avea trăsături de înșelătorie în sine, dar Dumnezeu știa că, odată ce Iacov se va transforma, el va deveni un vas important. Din acest motiv, Dumnezeu i-a permis lui Iacov douăzeci de ani de încercare pentru ca sinele său să fie distrus complet și să devină umil.

Când Iacov i-a smuls dreptul de întâi născut fratelui său mai mare, Esau, prin vicleșug, Esau a încercat să-l omoare, iar Iacov a trebuit să fugă de el. Iacov a ajuns astfel să trăiască în casa unchiului său, Laban, și să paște oi și capre. Așadar, el ne mărturisește în Geneza 31:40: „*Ziua mă topeam de căldură, iar noaptea mă prăpădeam de frig și-mi fugea somnul de pe ochi.*"

Dumnezeu plătește fiecărui individ după ceea ce a cultivat. El l-a văzut pe Iacov chinuindu-se cu credință și l-a binecuvântat cu bogăție mare. Când Dumnezeu i-a spus să se întoarcă în țara sa,

Iacov a părăsit casa lui Laban și s-a îndreptat spre casă, cu familia și bogățiile sale. Când a ajuns la pârâul Iabocului, Iacov a auzit că fratele său, Esau, se găsea pe celălalt mal cu 400 de bărbați. Iacov nu se mai putea întoarce în casa lui Laban datorită promisiunii făcute unchiului său. Nici nu putea să traverseze pârâul pentru a ajunge drept în brațele lui Esau, care ardea de răzbunare. Găsindu-se într-un impas, Iacov nu s-a mai bazat pe înțelepciunea sa, ci I se supuse cu totul lui Dumnezeu în rugăciune. Dezbărându-se complet de gândurile sale, Iacov L-a rugat pe Dumnezeu cu atâta vervă, încât aproape și-a dislocat coapsa.

Iacov s-a luptat cu Dumnezeu și a învins, așadar Dumnezeu l-a binecuvântat zicând: *„Numele tău nu va mai fi Iacov, ci te vei chema Israel; căci ai luptat cu Dumnezeu și cu oameni și ai fost biruitor"* (Geneza 32:28). Apoi, Iacov s-a împăcat cu fratele său, Esau.

Motivul pentru care Dumnezeu l-a ales pe Iacov a fost acela că, deoarece acesta a fost atât de insistent și drept în timpul încercărilor, putea să devină un vas mare pentru a juca un rol important în istoria Israelului.

Iacov a avut doisprezece fii, care au pus bazele neamului lui Israel. Totuși, deoarece încă erau doar un trib, Dumnezeu i-a plasat între granițele Egiptului, care era o țară puternică, până când descendenții lui Iacov au devenit un neam mare.

Acest plan a însemnat iubirea lui Dumnezeu pentru a-i proteja de alte neamuri. Persoana, căreia i-a fost încredințată această sarcină monumentală, a fost Iosif, cel de-al unsprezecelea fiu al lui Iacov.

Dintre cei doisprezece fii, Iacov îl prefera pe Iosif, căruia îi făcuse o haină pestriță. Iosif a devenit ținta urii și geloziei fraților săi, fiind vândut ca sclav în Egipt de către aceștia, la vârsta de șaptesprezece ani. Dar el nu s-a plâns niciodată și nici nu și-a urât frații.

Iosif a fost vândut lui Potifar, un dregător al faraonului, căpetenia străjerilor. Acolo, a lucrat cu sârguință și cu credință și a câștigat favorurile și încrederea lui Potifar. Astfel, Iosif a devenit mai mare peste casa lui Potifar și i s-a încredințat tot ceea ce avea acesta.

Totuși, a apărut o problemă. Iosif era frumos la statură și plăcut la chip, iar nevasta stăpânului său a început să-l seducă. Dar Iosif era un om cu frică de Dumnezeu, așa încât atunci când ea încerca să-l seducă, el i-a spus cu curaj: „*Cum aș putea să fac eu un rău atât de mare și să păcătuiesc împotriva lui Dumnezeu?*" (Geneza 39:9).

Dar, după acuzațiile ei mincinoase, Iosif a fost aruncat în temniță, în locul unde erau închiși întemnițații împăratului. Chiar și în temniță, Dumnezeu era cu Iosif, și având favorurile lui Dumnezeu de partea sa, Iosif a fost pus șef peste toți întemnițații.

Din aceste pățanii, Iosif a acumulat înțelepciunea cu care mai târziu urma să conducă un neam și să devină un vas mare care să-i adune pe oameni în inima sa.

După interpretarea viselor faraonului și oferirea de soluții înțelepte privind problema pe care faraonul și poporul său urmau să o aibă, Iosif a devenit conducătorul Egiptului după faraon. Așadar, prin providența profundă a lui Dumnezeu și prin încercările date lui Iosif, Dumnezeu l-a făcut pe Iosif vice-împăratul uneia dintre cele mai puternice națiuni ale vremii, la vârsta de 30 de ani.

Potrivit prezicerilor lui Iosif, șapte ani de foamete au lovit Orientul Apropiat, inclusiv Egiptul, și, deoarece se pregătise pentru acest eveniment, Iosif a putut oferi grâne tuturor egiptenilor. Frații lui Iosif veniră în Egipt în căutare de grâne, s-au întâlnit cu fratele lor, iar restul familiei s-a mutat în Egipt, unde trăiră în prosperitate pentru a da naștere neamului lui Israel.

Moise: un mare conducător, care a făcut Exodul o realitate

După așezarea în Egipt, urmașii lui Israel, s-au înmulțit și au prosperat, devenind în curând foarte numeroși și putând forma o nație propriu-zisă.

Când un nou împărat, care nu aflase de Iosif, a ajuns la putere, acesta începu să se păzească de prosperitatea și puterea urmașilor lui Israel. Împăratul și ispravnicii au început să le facă viețile amare israeliților, punându-i să lucreze din greu, cu lut și cărămizi, precum și la muncile câmpului (Exodul 1:13-14).

Cu toate acestea, *„cu cât îl asupreau mai mult, cu atât se înmulțea și creștea"* (Exodul 1:12). Faraonul a poruncit ca toți băieții neamului lui Israel să fie omorâți la naștere. La auzul strigătelor de ajutor ale israeliților, Dumnezeu și-a amintit de legământul făcut cu Avraam, Isaac și Iacov.

Ție, și semínței tale după tine, îți voi da țara în care locuiești acum ca străin, și anume îți voi da toată țara Canaanului în stăpânire veșnică; și Eu voi fi Dumnezeul lor (Geneza 17:8).

Ție îți voi da țara pe care am dat-o lui Avraam și lui Isaac și voi da țara aceasta seminței tale după tine (Geneza 35:12).

Pentru a-i scoate pe fiii lui Israel din această durere și pentru a-i duce în țara Canaanului, Dumnezeu a pregătit un om care să se supună poruncilor Sale necondiționat și care să-I conducă poporul cu inima Sa.

Acea persoană a fost Moise. Părinții săi l-au ținut ascuns timp de trei luni după naștere, iar când nu l-au mai putut ascunde, l-au pus într-un sicriaș de papură și l-au așezat între trestii pe malul Nilului. Când fata faraonului l-a găsit pe copil în acel sicriaș de papură și s-a hotărât să-l păstreze ca și când ar fi fost al ei, sora copilului care stătea ascunsă pentru a vedea ce se întâmplă, i-a recomandat fiicei faraonului pe mama biologică a lui Moise ca doică a copilului.

Așadar, Moise a fost crescut la palatul regal de către propria sa mamă și a învățat în mod natural despre Dumnezeu și despre israeliți, propriul său popor.

Apoi, într-o zi, el a văzut cum un frate israelit era bătut de un egiptean, iar de mânie, l-a ucis pe egiptean. Când s-a aflat acest lucru, Moise a fugit de faraon și s-a stabilit în pământul Madian. El a păscut oi timp de patruzeci de ani, aceasta fiind o parte a providenței lui Dumnezeu, care voia să-l pregătească pe Moise pentru a fi conducătorul Exodului.

La momentul ales de Dumnezeu, El l-a chemat pe Moise și i-a poruncit să-i scoată pe Israeliți din Egipt și să-i conducă spre țara Canaan, în care curgea laptele și mierea.

Deoarece faraonul avea o inimă de piatră, el nu a ascultat de porunca pe care Dumnezeu i-a dat-o prin Moise. Drept rezultat, Dumnezeu a pogorât cele zece Urgii asupra Egiptului și a reușit să-i scoată pe israeliți din țara Egiptului.

Doar după ce a suferit după moartea întâilor lor născuți, faraonul și poporul său au îngenuncheat în fața lui Dumnezeu și au izbăvit poporul lui Israel din robie. Dumnezeu Însuși i-a călăuzit pe israeliți cu fiecare pas; Dumnezeu a despărțit în două Marea Roșie pentru ca ei să o poate trece pe uscat. Când nu au mai avut apă de băut, Dumnezeu a făcut să țâșnească apă din piatră, iar când nu au mai avut nimic de mâncat, Dumnezeu le-a trimis mană și prepelițe. Dumnezeu a realizat aceste miracole și minuni prin Moise, pentru a asigura supraviețuirea a milioane de israeliți în pustiu, timp de patruzeci de ani.

Credinciosul Dumnezeu a călăuzit poporul lui Israel în țara Canaan prin Iosua, urmașul lui Moise. Dumnezeu l-a ajutat pe Iosua și pe poporul său să treacă Iordanul și le-a permis acestora să cucerească cetatea Ierihonului. Dumnezeu le-a permis să cucerească și să posede majoritatea țării Canaan, prin care curgea laptele și mierea.

Bineînțeles, cucerirea Canaanului nu a fost doar binecuvântarea lui Dumnezeu pentru israeliți, ci și rezultatul judecății sale drepte cu privire la locuitorii Canaanului, care deveniseră răi și păcătoși. Locuitorii țării Canaan păcătuiseră și au fost supuși judecății, iar apoi, în dreptatea Sa, Dumnezeu i-a călăuzit pe israeliți să ocupe ținutul.

Așa cum Dumnezeu i-a spus lui Avraam: *„În al patrulea neam, ea se va întoarce aici"* (Geneza 15:16), urmașii lui Avraam, Iacov și fiii săi părăsiseră Canaanul pentru a pleca în Egipt, se stabiliseră acolo, iar acum urmașii acestora se întorseseră în țara Canaan.

David clădește un Israel puternic

După cucerirea ținutului Canaan, Dumnezeu a domnit peste Israel prin judecători și proroci în Vremea Judecătorilor și atunci, Israel a devenit împărăție. Prin domnia împăratului David, care L-a iubit pe Dumnezeu mai presus de orice, s-a pus fundamentul unei noi națiuni.

În copilăria sa, David l-a ucis pe un războinic filistean uriaș cu praștia și cu o piatră, iar drept recunoaștere a serviciilor sale de pe câmpul de luptă, David a fost pus în fruntea oamenilor de război din armata împăratului Saul. La întoarcerea lui David după omorârea filisteanului, femeile cântau şi jucau, spunând: „Saul a bătut miile lui, iar David zecile lui de mii." Şi toţi israeliţii au început să-l iubească pe David. Împăratul a plănuit să-l ucidă pe David din invidie.

În timpul acestor încercări de răzbunare disperate ale lui Saul, David a avut două şanse de a-l omorî pe împărat, dar a refuzat să-l omoare pe cel care a fost uns de Însuşi Dumnezeu. El nu a făcut decât fapte bune pentru împărat. Odată, David s-a plecat cu faţa la pământ şi s-a închinat, spunându-i împăratului Saul: *„Uite, părintele meu, uite colţul hainei tale în mâna mea. Fiindcă ţi-am tăiat colţul hainei şi nu te-am ucis, să ştii şi să vezi că în purtarea mea nu este nici răutate, nici răzvrătire şi că n-am păcătuit împotriva ta. Totuşi tu îmi întinzi curse ca să-mi iei viaţa"* (1 Samuel 24:11).

David, un om după inima lui Dumnezeu, căuta binele în toate lucrurile chiar şi după ce a devenit împărat. În timpul domniei sale, David a condus cu dreptate şi a întărit împărăţia. Deoarece Dumnezeu era cu împăratul, David era victorios în luptele sale cu filistenii, moabiţii, amaleciţii, amoniţii şi edomiţii. El a extins teritoriile lui Israel, iar prăzile de război şi tributele au mărit trezoreria împărăţiei lui David. Aşadar, s-a bucurat de o perioadă de prosperitate.

David a mutat chivotul Domnului la Ierusalim, a stabilit procedurile pentru oferirea de ofrande şi a întărit credinţa în DOMNUL Dumnezeu. Împăratul a mai fondat şi Ierusalimul ca centru politic şi religios al împărăţiei şi a făcut pregătirile pentru ca Templul Sfânt al lui Dumnezeu să fie construit în timpul domniei fiului său, Împăratul Solomon.

De-a lungul întregii sale istorii, neamul Israel a fost cel mai puternic şi minunat în timpul domniei Împăratului David, iar acesta a fost admirat cu ardoare de poporul său şi L-a slăvit cum se cuvine pe Dumnezeu. Ce mare străbun a fost David, încât Mesia se va naşte din urmaşii săi!

Ilie readuce inimile israeliţilor către Dumnezeu

Fiul Împăratului David, Solomon, s-a închinat la idoli la sfârşitul vieţii sale, iar împărăţia a fost împărţită după moartea sa. Dintre cele douăsprezece triburi ale lui Israel, zece au format Împărăţia lui Israel în nord, în timp ce celelalte triburi rămase au format Împărăţia lui Iuda în sud.

În Împărăţia lui Israel, prorocii Amos şi Hosea au dezvăluit voinţa lui Dumnezeu poporului Său, în timp ce prorocii Isaia şi Ieremia au îndeplinit aceleaşi sarcini în Împărăţia Iudeii. Când considera de cuviinţă, Dumnezeu Îşi trimitea prorocii şi Îşi îmdeplinea voinţa prin intermediul acestora. Unul dintre aceştia a fost prorocul Ilie. Ilie şi-a îndeplinit sarcinile în timpul domniei împăratului Ahab din împărăţia de nord.

Pe vremea lui Ilie, împărăteasa gentililor, Izabela, l-a adus pe Baal în Israel, începându-se închinarea la idoli în toată împărăţia.

Prima misiune a prorocului Ilie a fost aceea de a-i spune împăratului Ahab că nu va mai exista ploaie în Israel timp de trei ani și jumătate ca rezultat al judecății lui Dumnezeu pentru închinarea la idoli.

Când prorocul a aflat că împăratul și împărăteasa încercau să-l omoare, Ilie a fugit în Sarepta, care aparținea de Sidon. Acolo, a primit o bucată de pâine de la o văduvă, iar pentru a-i întoarce favoarea, Ilie a binecuvântat-o pe văduvă, iar oala cu făină nu i s-a mai terminat, iar ulciorul cu untdelemn nu s-a golit până la încetarea foametei. Mai târziu, Ilie l-a sculat din morți pe fiul mort al văduvei.

Pe Muntele Carmel, Ilie s-a bătut cu 450 de proroci ai lui Baal și cu 400 de proroci ai Astarteii și a pogorât focul lui Dumnezeu din ceruri. Pentru a îndepărta inimile israeliților de la idoli și pentru a-i readuce spre Dumnezeu, Ilie a reparat altarul lui Dumnezeu, a turnat apă peste jertfe și peste altar și s-a rugat la Dumnezeu din tot sufletul.

„Doamne Dumnezeul lui Avraam, Isaac și Israel! Fă să se știe astăzi că Tu ești Dumnezeu în Israel, că eu sunt slujitorul Tău și că toate aceste lucruri le-am făcut după porunca Ta. Ascultă-mă, Doamne, ascultă-mă, pentru ca să cunoască poporul acesta că Tu, Doamne, ești adevăratul Dumnezeu, și să le întorci astfel inima spre bine! Atunci a căzut foc de la Domnul și a mistuit arderea de tot, lemnele, pietrele și pământul, și a supt și apa care era în șanț. Când a văzut tot poporul lucrul

acesta, au căzut cu faţa la pământ şi au zis: "Domnul este adevăratul Dumnezeu! Domnul este adevăratul Dumnezeu!" "Puneţi mâna pe prorocii lui Baal", le-a zis Ilie, "niciunul să nu scape!" Şi au pus mâna pe ei. Ilie i-a coborât la pârâul Chison şi i-a înjunghiat acolo" (1 Împăraţi 18:36-39).

Pe lângă aceasta, el a făcut să cadă ploaie din ceruri după trei ani şi jumătate de secetă, a traversat Iordanul ca şi cum ar fi trecut pe uscat şi a prorocit despre lucrurile care urmau să se întâmple. Prin punerea în practică a puterii minunate a lui Dumnezeu, Ilie a mărturisit despre existenţa lui Dumnezeu.

În 2 Împăraţi 2:11, ni se spune că: *"Pe când mergeau ei (Ilie şi Elisei) vorbind, iată că un car de foc şi nişte cai de foc i-au despărţit pe unul de altul, şi Ilie s-a înălţat la cer într-un vârtej de vânt."* Deoarece Ilie L-a mulţumit pe Dumnezeu prin credinţa sa în cel mai mare grad şi a primit iubirea şi recunoştinţa Sa, prorocul s-a ricdicat la ceruri fără să treacă prin moarte.

Daniel arată slava lui Dumnezeu neamurilor

Peste două sute cincizeci de ani, prin 605 î.Ch., în cel de-al treilea an al domniei împăratului Ioiachim, Ierusalimul a căzut după invazia împăratului Nebucadneţar al Babilonului, iar mulţi membri ai familiei împărăteşti a lui Iuda au fost luaţi ostatici.

Ca parte a politicii de reconciliere a lui Nebucadneţar, împăratul i-a poruncit lui Aşpenaz, căpetenia famenilor săi dregători, să-i aducă pe câțiva dintre fiii lui Israel, de neam împărătesc și de viță boierească, niște tineri fără vreun cusur trupesc, frumoși la chip, înzestrați cu înțelepciune în orice ramură a științei, cu minte ageră și pricepere, în stare să slujească în casa împăratului și pe care să-i învețe scrierea și limba haldeilor, iar printre aceștia se găsea și Daniel (Daniel 1:3-4).

Daniel s-a hotărât să nu se spurce cu bucatele alese ale împăratului și cu vinul pe care-l bea împăratul și a rugat pe căpetenia famenilor dregători să nu-l silească să se spurce (Daniel 1:8).

Deși era prizonier de război, Daniel a primit binecuvântarea lui Dumnezeu de care se temea în fiecare aspect al vieții sale. Dumnezeu i-a dat lui Daniel și prietenilor săi știință și pricepere pentru tot felul de scrieri, și înțelepciune; mai ales însă a făcut pe Daniel priceput în toate vedeniile și în toate visele (Daniel 1:17).

De aceea, el a continuat să capete bunăvoință și trecere din partea împăraților, chiar dacă împărățiile s-au schimbat. Recunoscând duhul extraordinar al lui Daniel, Împăratul Darius al Persiei l-a făcut mai mare peste întreaga împărăție. Atunci, un grup de dregători au devenit invidioși pe Daniel și au încercat să-l acuze în legătură cu problemele dregătorești. Dar nu au putut găsi nicio dovadă de corupere a acestuia.

Când au aflat că Daniel se ruga lui Dumnezeu de trei ori pe zi, căpeteniile împărăției, îngrijitorii, dregătorii, sfetnicii și cârmuitorii au venit în fața împăratului și l-au rugat să se dea o poruncă împărătească, însoțită de o aspră oprire, care să spună că oricine va înălța, în timp de treizeci de zile, rugăciuni către vreun dumnezeu sau către vreun om, afară de împărat, va fi aruncat în groapa cu lei. Daniel nu s-a clintit; chiar cu riscul de a-și pierde reputația, poziția și chiar viața în groapa cu lei; el a continuat să se roage înspre Ierusalim, așa cum făcuse și până atunci.

Din porunca împăratului, Daniel a fost aruncat în groapa cu lei, dar Dumnezeu și-a trimis îngerul și a închis gurile leilor, iar Daniel a rămas nevătămat. Când a auzit acest lucru, Împăratul Darius a scris către toate popoarele, neamurile și oamenii de toate limbile, care locuiau în toată împărăția, lăsându-i să cânte și să-L slăvească pe Dumnezeu:

> *Poruncesc ca, în toată întinderea împărăției mele, oamenii să se teamă și să se înfricoșeze de Dumnezeul lui Daniel. Căci El este Dumnezeul cel Viu și El dăinuie veșnic; Împărăția Lui nu se va nimici niciodată, și stăpânirea Lui nu va avea sfârșit. El izbăvește și mântuiește, El face semne și minuni în ceruri și pe pământ. El a izbăvit pe Daniel din ghearele leilor!* (Daniel 6:26-27).

Pe lângă strabunii credinței care L-au recunoscut pe Dumnezeu așa cum am văzut mai sus, hârtia și cerneala nu sunt suficiente pentru a descrie faptele de credință ale lui Ghedeon, Barac, Samson, Ieftaie, Samuel, Isaia, Ieremia, Ezechiel, cei trei prieteni ai lui Daniel, Estera și toți prorocii prezentați în Biblie.

Marii străbuni ai tuturor neamurilor de pe pământ

De la începuturile neamului lui Israel, Dumnezeu a condus personal cursul istoriei sale. De fiecare dată când Israelul s-a găsit în criză, Dumnezeu l-a scăpat prin prorocii pe care i-a pregătit și astfel, a călăuzit istoria Israelului.

Așadar, spre deosebire de istoria altor neamuri, istoria Israelului s-a desfășurat potrivit providenței lui Dumnezeu, începând din vremea lui Avraam și va continua să se desfășoare potrivit planului lui Dumnezeu până la sfârșitul vremurilor.

Dumnezeu a ales și i-a folosit pe străbunii credinței din poporul lui Israel, pentru providența și planul Său, nu doar pentru poporul ales de El, ci pentru toate popoarele care au credință în Dumnezeu.

Căci Avraam va ajunge negreșit un neam mare și puternic, și în el vor fi binecuvântate toate neamurile pământului (Geneza 18:18).

Dumnezeu dorește ca „toate neamurile pământului" să devină copiii lui Avraam prin credință și să primesacă binecuvântările sale. El nu a rezervat binecuvântările doar pentru poporul său ales, israeliții. Dumnezeu i-a promis lui Avraam în Geneza 17:4-5 că el va deveni tatăl a unei mulțimi de neamuri, iar în Geneza 12:3 că toate neamurile pământului vor fi binecuvântate în el, iar în Geneza 22:17-18 că toate neamurile pământului vor fi binecuvântate din sămânța sa.

În plus, de-a lungul istoriei Israelului, Dumnezeu a deschis calea prin care toate neamurile pământului să afle că doar DOMNUL Dumnezeu este Dumnezeul cel Adevărat, prin care acestea să Îl slujească și să-I devină copii adevărați, care să-L iubească.

Eram gata să răspund celor ce nu întrebau de Mine, eram gata să fiu găsit de cei ce nu Mă căutau; am zis: „Iată-Mă, iată-Mă!" către un neam care nu chema Numele Meu (Isaia 65:1).

Dumnezeu a ales străbunii mari și a îndrumat și guvernat personal istoria Israelului pentru a permite atât gentililor, cât și poporului Său ales să strige în numele Său. Dumnezeu își desăvârșise istoria cultivării omenirii până atunci, dar acum crease un alt plan magnific, acela de a aplica providența cultivării omenirii și asupra gentililor. De aceea, când a venit momentul ales de El, Dumnezeu L-a trimis pe Fiul Său în țara lui Israel nu doar ca Mesia Israelului, ci ca Mesia întregii omeniri.

Cei care au mărturisit despre Isus Hristos

De-a lungul istoriei cultivării omenirii, Israelul a fost întotdeauna în centrul îndeplinirii providenței lui Dumnezeu. Dumnezeu a apărut părinților credinței, le-a promis că lucrurile se vor întâmpla, și le-a îndeplinit așa cum le-a promis. Le-a mai spus israeliților că Mesia va veni din tribul lui Iuda și din casa lui David și că va mântui toate neamurile de pe pământ.

Astfel, Israelul a așteptat și așteaptă venirea Mesiei, care a fost anunțată în Vechiul Testament. Mesia este Isus Hristos.

Bineînțeles, cei care au drept religie iudaismul, nu îl recunosc pe Isus ca Fiul lui Dumnezeu și ca Mântuitorul, ci încă Îi așteaptă venirea.

Totuși, Mântuitorul pe care Îl așteaptă Israelul și Cel despre care va fi vorba în acest capitol, este unul și același.

Ce spun oamenii despre Isus Hristos? Dacă citiți prorocirile privitoare la Mântuitor și îndeplinirea acestora, precum și caracteristicile Mântuitorului, veți spune că Mântuitorul pe care Israelul Îl dorește nu este altul decât Isus Hristos.

Pavel, prigonitorul lui Isus Hristos, devine apostolul Său

Pavel s-a născut în Tars, Cilicia, în Turcia de azi, acum

aproximativ 2.000 de ani, iar numele său de botez era Saul. Saul a fost circumcis după opt zile de la naştere şi făcea parte din neamul lui Israel, din tribul lui Beniamin şi era un evreu al evreilor. Saul a fost găsit fără pată cu privire la neprihănirea din Lege. A fost educat de către Gamaliel, un învăţător al Legii şi era respectat de toţi oamenii. A trăit potrivit legii străbunilor săi şi a fost cetăţean al Imperiului Roman, care era cea mai puternică ţară din lume, în acel moment. Într-un cuvânt, nu era nimic care să-i lipsească lui Saul, în termeni pământeşti, în ceea ce priveşte familia, genealogia, cunoaşterea, bogăţia sau autoritatea.

Deoarece Îl iubea pe Dumnezeu mai presus de orice, Saul i-a prigonit cu zel pe cei care credeau în Isus Hristos. Acest lucru se întâmpla deoarece, când a auzit că creştinii pretindeau că Isus cel răstignit era Fiul lui Dumnezeu şi Mântuitorul şi că Isus a înviat în a treia zi de la înmormântare, Saul a considerat acest lucru ca o blasfemie împotriva lui Dumnezeu Însuşi.

Saul a mai considerat şi că cei care credeau în Isus Hristos reprezentau o ameninţare faţă de iudaismul fariseic, religie în care el credea cu multă pasiune. Din acel motiv, Saul a prigonit fără oprire şi a distrus biserica, luându-i prizonieri pe credincioşii lui Isus Hristos.

A aruncat în temniţă mulţi creştini şi i-a ameninţat când erau omorâţi. I-a mai pedepsit şi pe credincioşii din toate sinagogile, a încercat să-i forţeze să rostească blasfemii împotriva lui Isus Hristos acolo şi a continuat să-i urmărească chiar şi în oraşele străine.

Apoi, Saul a trecut printr-o experienţă extraordinară, prin

care viața sa s-a transformat radical. Pe drumul spre Damasc, o lumină a strălucit deodată din ceruri în jurul lui.

„*Saule, Saule, pentru ce Mă prigonești?*"

„*Cine ești Tu, Doamne?*"

„*Eu sunt Isus pe care-L prigonești.*"

Saul s-a sculat de jos, dar nu vedea nimic; a fost dus la Damasc. A stat acolo trei zile fără să vadă nimic. Nu a mâncat și nu a băut nimic. După acest incident, Domnul a apărut într-o vedenie unui ucenic numit Anania.

Scoală-te, du-te pe ulița care se cheamă „Dreaptă" și caută în casa lui Iuda pe unul zis Saul, un om din Tars. Căci iată, el se roagă; și a văzut în vedenie pe un om, numit Anania, intrând la el și punându-și mâinile peste el, ca să-și capete iarăși vederea. Du-te, căci el este un vas pe care l-am ales, ca să ducă Numele Meu înaintea Neamurilor, înaintea împăraților și înaintea fiilor lui Israel; și îi voi arăta tot ce trebuie să sufere pentru Numele Meu (Faptele Apostolilor 9:11-12, 15-16).

Când Anania și-a pus mâinile pe Saul și s-a rugat, imediat au cazut de pe ochii lui un fel de solzi și și-a recăpătat vederea. După această întâlnire cu Domnul, Saul a realizat ce păcate înfăptuise și s-a redenumit „Pavel", care înseamnă „om mic". Din acel moment, Pavel a predicat cu îndrăzneală gentililor despre

Dumnezeul viu şi despre evanghelia lui Isus Hristos.

Fraţilor, vă mărturisesc că Evanghelia propovăduită de mine nu este de obârşie omenească; pentru că n-am primit-o, nici n-am învăţat-o de la vreun om, ci prin descoperirea lui Isus Hristos. Aţi auzit, în adevăr, care era purtarea mea de altădată, în religia iudeilor. Cum, adică, prigoneam peste măsură de mult Biserica lui Dumnezeu şi făceam prăpăd în ea; şi cum eram mai înaintat în religia iudeilor decât mulţi din neamul meu, de o vârstă cu mine. Eram însufleţit de o râvnă nespus de mare pentru datinile strămoşeşti. Dar, când Dumnezeu – care m-a pus deoparte din pântecele maicii mele şi m-a chemat prin harul Său – a găsit cu cale să descopere în mine pe Fiul Său, ca să-L vestesc între Neamuri, îndată, n-am întrebat pe niciun om, nici nu m-am suit la Ierusalim la cei ce au fost apostoli înainte de mine, ci m-am dus în Arabia. Apoi m-am întors din nou la Damasc (Gălăţeni 1:11-17).

Chiar după ce L-a întâlnit pe Domnul Isus Hristos şi după ce a predicat evanghelia, Pavel a îndurat tot felul de suferinţe care nu pot fi descrise în totalitate în cuvinte. Pavel s-a găsit de multe ori în osteneli, în temniţe, în lovituri fără număr, în primejdii de moarte, în nopţi nedormite, în foame şi în sete, în frig şi în lipsă de îmbrăcăminte (2 Corinteni 11:23-27). Ar fi putut duce cu uşurinţă o viaţă prosperă şi confortabilă cu statutul, autoritatea, cunoştinţele şi înţelepciunea pe care le avea, dar Pavel nu le-a luat în seamă şi s-a supus întrutotul Domnului.

*Căci eu sunt cel mai neînsemnat dintre apostoli; nu sunt vrednic să port numele de apostol, fiindcă am prigonit Biserica lui Dumnezeu. Prin harul lui Dumnezeu sunt ce sunt. Şi harul Lui faţă de mine n-a fost zadarnic; ba încă am lucrat mai mult decât toţi: totuşi n*u eu, ci harul lui Dumnezeu *care este în mine* (1 Corinteni 15:9-10).

Pavel a făcut această mărturisire curajoasă deoarece avusese o întâlnire foarte expresivă cu Isus Hristos. Domnul nu numai că l-a întâlnit pe Pavel pe drumul spre Damasc, ci şi-a exprimat prezenţa realizând minunate lucrări ale puterii Sale.

Dumnezeu a realizat miracole extraordinare prin mâinile lui Pavel, încât chiar şi batistele sau şorţurile erau luate de pe trupul său pentru a fi duse la bolnavii care se însănătoşeau, iar duhurile rele ieşeau din aceştia. Pavel a readus la viaţă pe un tânăr numit Eutih, care căzuse de la catul al treilea şi murise. Readucerea la viaţă a unei persoane nu este posibilă fără puterea lui Dumnezeu.

Vechiul Testament ne spune că Prorocul Ilie a readus la viaţă pe fiul mort al unei văduve în Sarepta, iar Prorocul Elisei l-a înviat pe fiul unei femei bogate în Sunem. În Psalmul 62:11, ni se spune că: *„O dată a vorbit Dumnezeu, de două ori am auzit că: Puterea este a lui Dumnezeu"*; puterea lui Dumnezeu este dată oamenilor lui Dumnezeu.

În timpul celor trei călătorii misionare, Pavel a pus bazele evangheliei lui Isus Hristos, care va fi propovăduită tuturor neamurilor, clădind biserici în multe locuri din Asia și Europa, inclusiv în Asia Minor și în Grecia. Astfel, a fost deschisă calea prin care evanghelia lui Isus Hristos va fi propovăduită în fiecare colț al lumii de pe pământ, iar o mulțime de suflete vor fi mântuite.

Petru manifestă o mare putere și mântuiește nenumărate suflete

Ce putem spune despre Petru, care nu a precupețit niciun efort pentru a predica evanghelia evreilor? A fost un pescar obișnuit înainte de a-l cunoaște pe Isus, dar după ce a fost chemat de Isus și a fost martorul unor minuni, Petru a devenit unul dintre cei mai buni ucenici ai Săi.

Când Petru a fost martorul puterii lui Isus, pe care niciun om nu o putea imita, inclusiv redarea vederii unui orb, redarea mersului ologilor, reînvierea morților, Petru a crezut cu adevărat: „A venit într-adevăr din Dumnezeu." În Matei 16, ne întâlnim cu mărturia sa.

Isus i-a întrebat pe ucenicii săi: „*Cine ziceți că sunt?*" (v. 15). Iar Petru i-a răspuns: „*Tu ești Hristosul, Fiul Dumnezeului celui Viu!*" (v. 16).

Apoi, ceva de neimaginat s-a întâmplat cu Petru, care a făcut o asemenea mărturisire neînfricată. Petru chiar a luat cuvântul pentru a-L apăra pe Isus la cina de pe urmă: „*Chiar dacă toți ar găsi în Tine o pricină de poticnire, eu niciodată nu voi găsi în Tine o pricină de poticnire"* (Matei 26:33). Dar în noaptea în care Isus a fost prins și răstignit, Petru s-a lepădat de El de trei ori, de teama morții.

După ce Isus a înviat și s-a ridicat la ceruri, Petru a primit Duhul Sfânt și s-a transformat într-un mod minunat. Și-a devotat toată viața predicării evangheliei lui Isus Hristos, fără să se teamă de moarte. Într-o zi, 3.000 de oameni s-au pocăit și au fost botezați când au mărturisit fără frică în numele lui Isus Hristos. Chiar în fața conducătorilor evrei, care îl amenințau că îi vor lua viața, el a proclamat cu curaj că Isus Hristos este Domnul și Mântuitorul nostru.

Pocăiți-vă, le-a zis Petru, și fiecare din voi să fie botezat în Numele lui Isus Hristos, spre iertarea păcatelor voastre; apoi veți primi darul Sfântului Duh. Căci făgăduința aceasta este pentru voi, pentru copiii voștri și pentru toți cei ce sunt departe acum, în oricât de mare număr îi va chema Domnul Dumnezeul nostru (Faptele apostolilor 2:38-39).

El este Piatra lepădată de voi, zidarii, care a ajuns să fie pusă în capul unghiului. În nimeni altul nu este mântuire: căci nu este sub cer niciun alt Nume dat oamenilor în care trebuie să fim mântuiți (Faptele apostolilor 4:11-12).

Petru a demonstrat puterea lui Dumnezeu, prezentând multe semne și minuni. La Lida, Petru l-a vindecat pe un bărbat care era paralizat de opt ani, iar la Iope, care e aproape, a înviat-o pe Tabita, care se îmbolnăvise și murise. Petru a mai vindecat un olog, precum și oameni suferinzi de diferite boli și a scos demoni. Puterea lui Dumnezeu l-a însoțit pe Petru într-atâta încât oamenii îi scoteau pe bolnavi chiar pe ulițe și îi puneau pe paturi și pe așternuturi, pentru ca, atunci când va trece Petru, măcar umbra lui să treacă peste vreunul din ei (Faptele Apostolilor 5:15).

Pe lângă acestea, Dumnezeu i-a arătat lui Petru prin vedenii că evanghelia mântuirii va fi adusă gentililor. Într-o zi, când Petru s-a suit să se roage pe acoperișul casei, l-a ajuns foamea și a vrut să mănânce. Pe când îi pregăteau mâncarea, a căzut într-o răpire sufletească și a văzut cerul deschis și un vas ca o față de masă mare, legată cu cele patru colțuri, coborându-se și slobozindu-se în jos pe pământ. În ea se aflau tot felul de dobitoace cu patru picioare și târâtoare de pe pământ și păsările cerului (Faptele apostolilor 10:9-12).

Și un glas i-a zis lui Petru: *„Petre, scoală-te, taie și mănâncă"* (v. 13). Dar Petru a răspuns: *„Nicidecum, Doamne", căci niciodată n-am mâncat ceva spurcat sau necurat"* (v. 14).

Și glasul i-a zis iarăși a doua oară: *„Ce a curățat Dumnezeu, să nu numești spurcat"* (v. 15).

Lucrul acesta s-a întâmplat de trei ori, și îndată după aceea vasul a fost ridicat iarăși la cer. Petru nu putea înțelege de ce Dumnezeu i-a poruncit să mănânce ceva ce era considerat „spurcat" de către Legea lui Moise. Și în timp ce Petru se gândea la acea vedenie, Duhul Sfânt i-a spus: „*Iată că te caută trei oameni; scoală-te, coboară-te și du-te cu ei fără șovăire, căci Eu i-am trimis*" (Faptele Apostolilor 10:19-20).

Cei trei bărbați veneau din partea gentilului Corneliu, care trimisese vorbă să vină acasă la el.

Prin această vedenie, Dumnezeu i-a arătat lui Petru că dorea ca mila Sa să fie propovăduită chiar și gentililor și l-a îndemnat pe Petru să răspândească cuvântul Evangheliei lui Isus Hristos. Petru a fost atât de recunoscător Domnului care l-a iubit până la sfârșit și care a avut încredere în el cu această sarcină secretă ca apostol al Său, deși se lepădase de el de trei ori, încât toată viața nu a precupețit niciun efort ca să mântuiască suflete și să moară ca un martir.

Prorocirile Apostolului Ioan în ultimele zile privind descoperirea lui Isus Hristos

Ioan era un pescar din Galileea, dar după ce a fost chemat de Isus, Ioan L-a însoțit mereu și a fost martor al manifestărilor Sale de semne și minuni. Ioan L-a văzut pe Isus transformând apa în vin la nunta din Cana, vindecând bolnavii, inclusiv o persoană care fusese bolnavă de treizeci și opt de ani, scoțând demonii din multe persoane și redându-le vederea orbilor. Ioan L-a văzut pe

Isus mergând pe apă şi redându-i viaţa lui Lazăr, care era mort de patru zile. Ioan L-a urmat pe Isus şi când Isus s-a schimbat la faţă (faţa Sa strălucea precum soarele, iar hainele Sale deveniseră strălucitoare precum lumina) şi a vorbit cu Moise şi Ilie pe Muntele Schimbării la Faţă. Chiar şi când Isus de-abia mai sufla pe cruce, Ioan L-a auzit pe Isus vorbindu-i Fecioarei Maria şi lui: „*Femeie, iată fiul tău!*" (Ioan 19:26). „*Iată mama ta!*" (Ioan 19:27)

Cu aceste ultime cuvinte, în termeni fizici, Isus o liniştea pe Maria, care Îl purtase în pântece şi Îi dăduse viaţă, dar în sens duhovnicesc, El spunea întregii umanităţi că toţi credincioşii erau fraţi, surori şi mame.

Isus nu s-a referit niciodată la Maria ca la „mama" Sa, deoarece Isus, Fiul lui Dumnezeu, este Dumnezeu Însuşi şi nimeni n-ar fi putut să-I dea naştere, şi nu ar fi putut avea o mamă. Motivul pentru care Isus i-a spus lui Ioan: „Iată mama ta!" a fost deoarece Ioan trebuia să o slujească pe Maria ca pe mama sa. Din acel moment, Ioan a dus-o pe Maria în casa sa şi a slujit-o ca pe mama sa.

După învierea şi urcarea la ceruri a lui Isus, el a predicat cu zel evanghelia lui Isus Hristos, împreună cu ceilalţi apostoli în ciuda ameninţărilor constante ale evreilor. Prin predicarea fervență a evangheliei, Biserica Timpurie a primit un spectaculos suflu nou, dar, în acelaşi timp, aspostolii erau supuşi în mod insistent prigonirilor.

Apostolul Ioan a fost chestionat de către Consiliul Evreiesc şi a fost cufundat în ulei încins de către Împăratul Roman,

Diomiţian. Dar Ioan nu a suferit deloc datorită puterii şi providenţei lui Dumnezeu, iar Împăratul l-a exilat pe insula grecească Patmos, în Marea Mediterană. Acolo, Ioan a comunicat cu Dumnezeu prin rugăciune şi, prin inspiraţia Duhului Sfânt şi prin călăuzirea îngerilor, a avut multe vedenii puternice şi a înregistrat descoperirea lui Isus Hristos.

Descoperirea lui Isus Hristos pe care i-a dat-o Dumnezeu, ca să arate robilor Săi lucrurile care au să se întâmple în curând. Şi le-a făcut-o cunoscut, trimiţând, prin îngerul Său, la robul Său Ioan (Apocalipsa 1:1).

Prin inspiraţia Duhului Sfânt, Apostolul Ioan a scris în detaliu lucrurile care se vor întâmpla în ultimele zile pentru ca toţi oamenii să-L accepte pe Isus drept Mântuitorul lor şi să se pregătească pentru a-L primi drept Împăratul Împăraţilor şi Domnul Domnilor la Cea de-a Doua Sa Venire.

Membrii Bisericii Timpurii nu s-au lepădat de credinţa lor

Când Isus care a înviat a urcat la ceruri, El le-a promis ucenicilor Săi că se va întoarce în acelaşi mod în care L-au văzut urcându-Se la ceruri.

Numeroşii martori ai învierii şi ridicării la ceruri a Lui Isus şi-au dat seama că vor putea şi ei să urce la ceruri, fără să se mai teamă de moarte. Astfel, știau că își vor putea trăi viețile ca martori ai Săi în fața opreliștilor și a amenințărilor conducătorilor lumii și a prigonirilor, care i-a costat chiar și viețile. Nu doar ucenicii lui Isus, care L-au slujit în timpul acțiunilor Sale publice, ci și mulți alții au ajuns pradă leilor la Colosseum în Roma, au fost decapitați, răstigniți și arși. Totuși, toți aceștia și-au menținut credința în Isus Hristos.

Pe măsură ce prigonirile împotriva creștinilor se intensificau, membrii Bisericii Timpurii stăteau ascunși în catacombele Romei, cunoscute drept „locuri de înmormântare subterane." Viețile lor erau nefericite; era ca și cum nu mai trăiau. Deoarece îl iubeau pe Domnul cu pasiune, nu s-au temut în niciun moment de încercările și suferințele prin care au trecut.

Înainte ca creștinismul să fie recunoscut ca religie oficială la Roma, opresiunea împotriva acestora a fost dură și crudă, peste putință de imaginație. Creștinilor le era luată cetățenia, Bibliile și bisericile erau incendiate, iar fețele bisericești și enoriașii erau arestați, torturați în mod brutal și executați.

Policarp de la Biserica din Smirna din Asia Minor a întreținut o prietenie frumoasă cu Apostolul Ioan. Policarp era un episcop devotat. Când Policarp a fost arestat de către autoritățile romane și a fost adus în fața guvernatorului, el nu și-a tăgăduit credința.

„Nu vreau să te dezonorez. Dă ordin ca acei creștini să fie uciși și îți voi da drumul. Blestemă-l pe Hristos!"

„Am fost slujitorul Său timp de optzeci și șase de ani și El nu mi-a făcut nimic rău. Cum pot să-L blestem pe Împăratul care m-a mântuit?"

Au încercat să-l ardă, dar deoarece nu au reușit, Policarp, episcopul din Smirna, a murit ca un martir, după ce a fost înjunghiat de mai multe ori. Când mulți alți creștini au fost martori și au auzit marșurile de credință și martiriul lui Policarp, au început să înțeleagă și mai bine Pasiunea lui Isus Hristos și au ales calea martiriului și ei înșiși.

Bărbați israeliți, luați seama bine ce aveți de gând să faceți oamenilor acestora. Căci nu demult s-a ivit Teuda, care zicea că el este ceva, și la care s-au alipit aproape patru sute de bărbați. El a fost omorât, și toți cei ce îl urmaseră au fost risipiți și nimiciți. După el s-a ivit Iuda galileeanul, pe vremea înscrierii, și a tras mult norod de partea lui: a pierit și el, și toți cei ce-l urmaseră au fost risipiți. Și acum eu vă spun: Nu mai necăjiți pe oamenii aceștia, și lăsați-i în pace! Dacă încercarea sau lucrarea aceasta este de la oameni, se va nimici; dar dacă este de la Dumnezeu, n-o veți putea nimici. Să nu vă pomeniți că luptați împotriva lui Dumnezeu (Faptele apostolilor 5:35-39).

După cum vestitul Gamaliel i-a îndrumat și i-a amintit poporului lui Israel în pasajul de mai sus, evanghelia lui Isus

Hristos, care s-a născut din Însuși Dumnezeu, nu a putut fi distrusă. În cele din urmă, în 313 d.Hr., Împăratul Constantin a recunoscut creștinismul ca religie oficială a imperiului său, iar evanghelia lui Isus Hristos a început să fie propovăduită în întreaga lume.

Mărturia despre Isus înscrisă în raportul lui Pilat

Printre documentele istorice din timpul Imperiului Roman, se găsește un manuscris privind învierea lui Isus pe care Pilat din Pont, Guvernatorul Provinciei Romane a Iudeei în vremea lui Isus, l-a scris și l-a trimis Împăratului.

Următorul este un extras din învierea lui Isus din „raportul lui Pilat către Cezar privind Arestarea, Procesul și Răstignirea lui Isus", care este păstrat în biserica Hagia Sophia din Istanbul, Turcia:

> **După câteva zile după ce the sepulcrul a fost găsit gol, ucenicii săi au proclamat peste tot că Isus s-a ridicat din morți, așa cum prezisese. Acest lucru a creat și mai mare agitație decât episodul răstignirii. Nu pot să afirm că este adevărat, dar am făcut câteva cercetări privind această problemă; așa că poți vedea singur dacă sunt de vină, după cum spune Irod.**
>
> **Iosif L-a înmormântat pe Isus în mormântul său. Nu-mi dau seama dacă aceasta a existat cu adevărat sau a**

fost inventată. În ziua după ce a fost înmormântat, unul dintre preoți a venit în praetorium și ne-a spus că le era teamă ca ucenicii săi să nu-I fure trupul lui Isus și să-L ascundă, făcând astfel să pară că El a înviat din morți, așa cum prorocise, lucru de care ei erau perfect convinși.

L-am trimis la căpitanul gărzii împărătești (Malcus) pentru a-i spune să ducă soldați evrei cât mai mulți în jurul sepulcrului; atunci, dacă ceva se va întâmpla, să se învinovățească pe ei, și nu pe romani.

Când a ieșit agitație deoarece sepulcrul a fost găsit gol, am simțit o neliniște mai mare ca niciodată. L-am trimis pe Islam, care mi-a povestit cât de bine îmi aduc aminte următoarele circumstanțe. Au văzut o lumină fină și minunată peste sepulcru. La început, el a crezut că veniseră femeile să îmbălsămeze trupul lui Isus, după obicei, dar nu înțelegea cum de trecuseră de gărzi. În timp ce-i treceau aceste gânduri prin minte, întregul locaș s-a luminat și parcă erau mulțimi de morți în lințolii.

Toți strigau și erau extaziați, iar în jur era cea mai frumoasă muzică pe care o auzise, iar întregul văzduh era plin de voci care Îl proslăveau pe Dumnezeu. În tot acest timp, pământul parcă se învârtea și îi fugea de sub picioare, încât i s-a făcut rău și simțea că va leșina și că nu se putea ține pe picioare. A zis că pământul parcă îi fugea de sub picioare, iar când l-au părăsit simțurile, nu și-a dat seama ce s-a întâmplat cu adevărat.

După cum putem citi în Matei 27:51-53: *„pământul s-a cutremurat, stâncile s-au despicat, mormintele s-au deschis, și multe trupuri ale sfinților care muriseră au înviat. Ei au ieșit din morminte, după învierea Lui, au intrat în sfânta cetate și s-au arătat multora"*, gărzile romane au oferit mărturii identice.

După înscrierea mărturiilor gărzilor romane care au fost martore la acest fenomen duhovnicesc, Pilat a scris spre sfârșitul raportului său: „Aproape sunt gata să spun: „Acesta a fost cu adevărat Fiul lui Dumnezeu."

Nenumărați martori ai Domnului Isus Hristos

Nu doar ucenicii lui Isus, care L-au slujit în timpul misiunii Sale, au fost martori ai evangheliei lui Isus Hristos. Așa cum a spus Isus în Ioan 14:13: *„și orice veți cere în Numele Meu, voi face, pentru ca Tatăl să fie proslăvit în Fiul"*, nenumărați martori au primit răspunsuri de la Dumnezeu la rugăciunile lor și au mărturisit despre Dumnezeu cel Viu și despre Domnul Isus Hristos de la învierea și ridicarea Sa la ceruri.

Ci voi veți primi o putere, când Se va coborî Duhul Sfânt peste voi, și-Mi veți fi martori în Ierusalim, în toată Iudeea, în Samaria și până la marginile pământului (Faptele apostolilor 1:8).

L-am acceptat pe Domnul după ce am fost vindecat prin puterea lui Dumnezeu de toate bolile mele în fața cărora știința medicală s-a dovedit neputincioasă. Mai târziu, am fost numit slujitor al Domnului Isus Hristos și am propovăduit evanghelia tuturor neamurilor și am manifestat semne și minuni.

Așa cum ne-a fost promis în versetul de mai sus, mulți oameni au devenit copiii lui Dumnezeu primind Duhul Sfânt și și-au dedicat viețile propovăduirii evangheliei lui Isus Hristos, prin puterea Duhului Sfânt. Așa a fost împrăștiată evanghelia în toată lumea, iar nenumărați oameni Îl întâlnesc acum pe Dumnezeu cel Viu și Îl acceptă pe Isus Hristos.

Duceți-vă în toată lumea și propovăduiți Evanghelia la orice făptură. Cine va crede și se va boteza va fi mântuit; dar cine nu va crede va fi osândit. Iată semnele care vor însoți pe cei ce vor crede: în Numele Meu vor scoate draci; vor vorbi în limbi noi; vor lua în mână șerpi; dacă vor bea ceva de moarte, nu-i va vătăma; își vor pune mâinile peste bolnavi, și bolnavii se vor însănătoși (Marcu 16:15-18).

Biserica Sfântului Sepulcru de pe Golgota, Dealul Calvarului, în Ierusalim

Capitolul 2
Mesia trimis de Dumnezeu

Dumnezeu Îl promite pe Mesia

Israelul și-a pierdut adesea suveranitatea și a trebuit să suporte invaziile și conducerea Persiei sau Romei. Prin prorocii Săi, Dumnezeu a trimis o grămadă de promisiuni despre Mesia care urma să vină ca Împărat al Israelului. Nu putea exista o mai mare sursă de speranță pentru nefericiții de israeliți decât promisiunile lui Dumnezeu referitoare la Mesia.

Căci un Copil ni S-a născut, un Fiu ni S-a dat, și domnia va fi pe umărul Lui; Îl vor numi: „Minunat Sfetnic, Dumnezeu tare, Părintele veșniciilor, Domn al păcii." El va face ca domnia Lui să crească, și o pace fără sfârșit va da scaunului de domnie al lui David și împărăției lui, o va întări și o va sprijini prin judecată și neprihănire, de acum și-n veci de veci; iată ce va face râvna Domnului oștirilor (Isaia 9:6-7).

Iată vin zile, zice Domnul, când voi ridica lui David o Odraslă neprihănită. El va împărăți, va lucra cu înțelepciune și va face dreptate și judecată în țară. În vremea Lui, Iuda va fi mântuit, și Israel va avea liniște în locuința lui; și iată Numele pe care i-L vor da:

„Domnul, Neprihănirea noastră!" (Ieremia 23:5-6).

Saltă de veselie, fiica Sionului! Strigă de bucurie, fiica Ierusalimului! Iată că Împăratul tău vine la tine; El este neprihănit şi biruitor, smerit şi călare pe un măgar, pe un mânz, pe mânzul unei măgăriţe. Voi nimici carele de război din Efraim şi caii din Ierusalim, şi arcurile de război vor fi nimicite. El va vesti neamurilor pacea şi va stăpâni de la o mare la cealaltă şi de la Râu până la marginile pământului (Zaharia 9:9-10).

Israelul aşteaptă sosirea Mesiei fără încetare, chiar şi acum. Ce întârzie oare venirea Mesiei pe care Israelul Îl aşteaptă cu atâta nerăbdare? Mulţi evrei doresc să afle un răspuns la această întrebare, dar răspunsul stă în faptul că ei nu ştiu că Mesia a venit deja.

Isus, care e Mesia, a suferit exact aşa cum a prorocit Isaia

Mesia pe care Dumnezeu i L-a promis Israelului şi pe care L-a trimis cu adevărat este Isus. Isus s-a născut la Betleem, în Iudeea, acum două mii de ani şi când a venit vrerea, Isus a murit pe cruce, a înviat şi a deschis umanităţii calea spre mântuire. Totuşi, evreii din vremea Sa, nu L-au recunoscut pe Isus drept Mesia pe care Îl aşteptau. Acest lucru se datora faptului că Isus arăta complet altfel decât imaginea de Mesia la care ei se gândeau.

Evreii s-au plictisit de perioadele de conducere colonială și așteptau un Mesia puternic care să-i elibereze din lupta lor politică. Ei credeau că Mesia va veni ca Împărat al Israelului, va pune capăt tuturor războaielor, îi va elibera din prigoniri și oprimări, le va oferi pacea adevărată și îi va face mai mari peste toate neamurile.

Totuși, Isus nu a venit pe pământ în splendoare și maiestate demne de un împărat, ci s-a născut ca fiu al unui dulgher sărac. Nu a venit să scape Israelul de oprimarea Romei sau să-l readucă la gloria sa anterioară. El a venit pe pământ pentru a restabili omenirea care era sortită pieirii de la păcatul lui Adam și pentru a-i face pe oameni copii ai lui Dumnezeu.

Din aceste motive, evreii nu L-au recunoscut pe Isus ca fiind Mesia și L-au răstignit. Dacă studiem imaginea Mesiei așa cum este ea înscrisă în Biblie, totuși, putem afirma că Mesia este, într-adevăr, Isus.

El a crescut înaintea Lui ca o odraslă slabă, ca un lăstar care iese dintr-un pământ uscat. N-avea nici frumusețe, nici strălucire ca să ne atragă privirile, și înfățișarea Lui n-avea nimic care să ne placă. Disprețuit și părăsit de oameni, Om al durerii și obișnuit cu suferința, era așa de disprețuit, că îți întorceai fața de la El, și noi nu L-am băgat în seamă (Isaia 53:2-3).

Dumnezeu le-a spus israeliților că Mesia, Împăratul Israelului, nu va avea o statură impunătoare care să ne atragă, ci mai degrabă că va fi disprețuit și părăsit de oameni. Totuși, israeliții nu L-au recunoscut pe Isus ca fiind Mesia pe care Dumnezeu Îl promisese.

El a fost disprețuit și părăsit de poporul ales de Dumnezeu, dar Dumnezeu L-a pus pe Isus Hristos deasupra tuturor neamurilor și mii de oameni Îl acceptă chiar și acum ca Mântuitor al lor.

După cum scrie în Psalmul 118:22-23: „*Piatra pe care au lepădat-o zidarii a ajuns să fie pusă în capul unghiului clădirii. Domnul a făcut lucrul acesta și este o minunăție înaintea ochilor noștri*", providența mântuirii omenirii a fost realizată de Isus, pe care Israelul L-a abandonat.

Isus nu avea înfățișarea lui Mesia pe care poporul lui Israel se aștepta să o vadă, dar noi înțelegem că Isus este Mesia despre care Dumnezeu prorocea prin prorocii Săi.

Totul, inclusiv slava, pacea și restabilirea, pe care Dumnezeu ni le-a promis prin Mesia, aparțin de tărâmul duhovnicesc, iar Isus care a venit pe lume pentru a îndeplini sarcina de a fi Mesia a spus: „*Împărăția Mea nu este din lumea aceasta*" (Ioan 18:36).

Mesia, despre care prorocea Dumnezeu, nu era un împărat cu autoritate și glorie pământești. Mesia nu urma să vină pe lume pentru ca toți copiii lui Dumnezeu să se bucure de bogăție, de reputație și de onoare în timpul vieții lor temporare pe acest pământ. El trebuia să vină pentru a-Și mântui poporul de păcatele sale și pentru a-l călăuzi pentru a se bucura de bucuria și slava veșnică în ceruri, pentru totdeauna.

În ziua aceea, Vlăstarul lui Isai va fi ca un steag pentru popoare; neamurile se vor întoarce la El, și slava va fi locuința Lui (Isaia 11:10).

Mesia cel promis nu urma să vină doar pentru poporul ales al lui Dumnezeu, israeliții, ci urma să îndeplinească promisiunea de mântuire pentru toți cei care au acceptat promisiunea lui Dumnezeu privindu-L pe Mesia, cu credință, călcând pe urmele credinței lui Avraam. Pe scurt, Mesia urma să vină pentru a îndeplini promisiunea lui Dumnezeu de mântuire ca Mântuitorul tuturor neamurilor pământului.

Nevoia de mântuire a întregii omeniri

De ce urma să vină Mesia pe această lume, nu doar pentru mântuirea poporului lui Israel, ci pentru mântuirea întregii omeniri?

În Geneza 1:28, Dumenezeu i-a binecuvântat pe Adam și pe Eva și le-a spus: *"Creșteți, înmulțiți-vă, umpleți pământul și supuneți-l; și stăpâniți peste peștii mării, peste păsările cerului și peste orice viețuitoare care se mișcă pe pământ."*

După crearea primul om, pe Adam, și după stabilirea lui

ca fiind conducătorul tuturor creaturilor, Dumnezeu i-a dat omului autoritatea de „a supune" și „a stăpâni" pământul. Dar când Adam a mâncat din pomul cunoștinței binelui și răului, care îi fusese interzis de către Dumenezeu, și a comis păcatul nesupunerii, tentat fiind de șarpele instigat de Satana, Adam nu s-a mai bucurat de o asemenea autoritate.

Când s-au supus cuvântului neprihănirii lui Dumnezeu, Adam și Eva au fost robii neprihănirii și s-au bucurat de puterile pe care Dumnezeu li le-a dat, dar după ce au păcătuit, au devenit robii păcatului și ai diavolului (Romani 6:16). Astfel, toată autoritatea pe care Adam a primit-o de la Dumnezeu i-a fost dată diavolului.

În Luca 4, dușmanul diavol l-a tentat pe Isus, care tocmai terminase de postit timp de patruzeci de zile, de trei ori. Diavolul i-a arătat lui Isus toate împărățiile lumii și i-a spus: „*Ție Îți voi da toată stăpânirea și slava acestor împărății; căci mie îmi este dată și o dau oricui voiesc. Dacă, dar, Te vei închina înaintea mea, toată va fi a Ta*" (Luca 4:6-7). Diavolul vrea să spună că „stăpânirea și slava" „i-a fost dată" de către Adam, iar el o poate da oricui dorește.

Da, Adam și-a pierdut toată autoritatea și i-a înmânat-o diavolului și, în consecință, a devenit robul diavolului. De atunci, Adam a adăugat păcat după păcat sub controlul diavolului și a fost plasat pe cărarea morții, care reprezintă plata pentru păcat. Acest lucru nu s-a oprit cu Adam, ci i-a afectat pe toți descendenții săi, care i-au moștenit păcatul originar datorită eredităţii. Aceştia au fost, de asemenea, plasaţi sub autoritatea păcatului guvernat de diavol şi de Satana şi destinaţi morţii. Aceasta reprezintă nevoia pentru venirea Mesiei. Nu doar poporul ales de Dumnezeu, ci toate popoarele din lume aveau nevoie de Mesia, care putea să-i scoată de sub autoritatea diavolului şi a Satanei.

Calitățile lui Mesia

Așa cum există legi în această lume, există legi și reglementări și pe tărâmul duhovnicesc. Dacă o persoană va muri sau va fi iertată pentru păcatele sale și se va mântui depinde de legea tărâmului duhovnicesc.

Ce calități trebuie să îndeplinească persoana pentru a deveni Mesia și pentru a mântui întreaga omenire de blestemele Legii?

Prevederea privind calitățile pe care trebuie să le îndeplinească Mesia se găsesc în Legea pe care Dumnezeu a dat-o poporului ales. Legea privea răscumpărarea pământurilor.

Pământurile să nu se vândă de veci; căci țara este a Mea, iar voi sunteți la Mine ca niște străini și venetici. De aceea în toată țara pe care o veți stăpâni, să dați dreptul de răscumpărare pentru pământuri. Dacă fratele tău sărăcește și vinde o bucată din moșia lui, cel ce are dreptul de răscumpărare, ruda lui cea mai de aproape, să vină și să răscumpere ce a vândut fratele său (Leviticul 25:23-25).

Legea privind răscumpărarea pământurilor conține secrete privind calitățile îndeplinite de Mesia

Poporul ales, israeliții, s-au supus legii. Astfel, în timpul unei tranzacții de a vinde și de a cumpăra pământuri, ei s-au supus cu strictețe legii privind răscumpărarea de terenuri, înregistrată în Biblie. Spre deosebire de legea privind pământurile din alte țări, legea din Israel specifica clar în contract că pământurile nu urmau să fie vândute permanent și că puteau fi răscumpărate mai târziu. Se stipulează că o rudă bogată poate răscumpăra pământul pentru un membru al familiei sale, care l-a vândut. Dacă persoana nu are o rudă destul de bogată pentru a-l răscumpăra, dar a reușit să obțină modalitatea bănească pentru a-l răscumpăra, legea permite proprietarului original să răscumpere acest pământ.

Cum este legea privind răscumpărarea pământurilor din Levitic asociată caracteristicilor lui Mesia?

Pentru a înțelege mai bine acest lucru, trebuie să reținem faptul că omul a fost creat din țărână. În Geneza 3:19, Dumnezeu i-a spus lui Adam: *„În sudoarea feței tale să-ți mănânci pâinea, până te vei întoarce în pământ, căci din el ai fost luat; căci țărână ești și în țărână te vei întoarce."* În Geneza 3:23 mai scrie că: *„De aceea Domnul Dumnezeu l-a izgonit din grădina Edenului, ca să lucreze pământul din care fusese luat."*

Dumnezeu i-a spus lui Adam, „căci țărână ești", iar „țărâna" semnifică din punct de vedere duhovnicesc faptul că omul a fost creat din praful de pe pământ. Așadar, legea privind răscumpărarea pământului, referitoare la vânzarea și cumpărarea pământului, este direct legată de legea tărâmului duhovnicesc privitoare la mântuirea omenirii.

Potrivit legii referitoare la răscumpărarea pământului, Dumnezeu este proprietarul pământului și nimeni nu poate să-l vândă permanent. La fel, toată autoritatea pe care a primit-o Adam de la Dumnezeu I-a aparținut inițial lui Dumnezeu și nimeni nu o putea vinde permanent. Dacă cineva sărăcea și își vindea pământul, pământul urma să fie răscumpărat când apărea persoana adecvată. La fel, diavolul a trebuit să dea înapoi autoritatea pe care i-a dat-o Adam când a apărut persoana care putea răscumpăra acea autoritate.

Datorită legii pentru răscumpărarea pământului, Dumnezeul iubirii și al dreptății a pregătit persoana care va relua autoritatea pe care Adam i-a înmânat-o diavolului. Acea persoană este Mesia, iar Mesia este Isus Hristos, care a fost pregătit din nemurire și a fost trimis de către Dumnezeu Însuși.

Calitățile Mântuitorului și îndeplinirea acestora de către Isus Hristos

Haideți să vedem de ce spunem că Isus este Mesia și Mântuitorul întregii omeniri datorită legii pentru răscumpărarea pământului.

Mai întâi, după cum răscumpărătorul trebuie să fie o rudă, Mântuitorul trebuie să fie o persoană care să răscumpere omenirea pentru păcatele sale, deoarece oamenii sunt păcătoși datorită păcatului primul om, Adam. În Levitic 25:25, ni se spune că: *„Dacă fratele tău sărăcește și vinde o bucată din moșia lui, cel ce are dreptul de răscumpărare, ruda lui cea mai de aproape, să vină și să răscumpere ce a vândut fratele său."* Dacă o persoană nu-și mai poate permite să țină o bucată de pământ și trebuie să o vândă, ruda sa cea mai apropiată trebuie să vină să răscumpere pământul. La fel, deoarece primul om, Adam, a păcătuit și a trebuit să redea autoritatea pe care Dumnezeu i-a dat-o diavolului, răscumpărarea autorității de la diavol poate și trebuie realizată de un om, de „cea mai apropiată rudă" a lui Adam.

După cum se spune în 1 Corinteni 15:21: *„Căci dacă moartea a venit prin om, tot prin om a venit și învierea morților"*, Biblia ne reafirmă faptul că răscumpărarea păcatelor poate fi realizată nu de către îngeri sau animale sălbatice, ci de către oameni. Omenirea a fost pusă pe calea morții datorită păcatului primului om, Adam, și de aceea, altcineva trebuia să îi răscumpere păcatul și doar un frate, „cea mai apropiată rudă" a lui Adam.

Deși Isus poseda natura pământeană, ca și natura divină, fiind Fiul lui Dumnezeu, El s-a născut ca om pentru a răscumpăra lumea de păcatele sale (Ioan 1:14) și a experimentat creșterea. Ca ființă umană, Isus dormea, simțea foamea și setea, bucuria și tristețea. Când a fost răstignit, Isus a sângerat și a simțit durerea.

Chiar și în context istoric, există probe care nu pot fi negate care atestă faptul că Isus a venit pe lume ca o ființă umană. Prin nașterea lui Isus ca un punct de referință, istoria lumii se împarte în două: „Î.Hr" și „D.Hr." „Î.Hr" sau „Înainte de Hristos" se referă la era dinainte de nașterea lui Isus, iar „D. Hr." sau „După Hristos" („Anul Domnului") se referă la momentele de după nașterea lui Hristos. Acest lucru demonstrează că Isus a venit pe lume ca om. Astfel, Isus satisface prima calitate pentru a fi Mântuitorul, deoarece El a venit pe lume ca ființă umană.

În al doilea rând, așa cum răscumpărătorul pământului n-ar putea răscumpăra pământul dacă ar fi sărac, un urmaș al lui Adam nu ar putea răscumpăra omenirea, deoarece Adam a păcătuit și toți urmașii săi s-au născut cu păcatul originar. Persoana care este Mântuitorul întregii omeniri nu trebuie să fie urmașul lui Adam.

Dacă un frate ar dori să răscumpere datoria surorii sale, el însuși trebuie să nu aibă datorii. În același mod, persoana care trebuie să răscumpere păcatele altora, trebuie să fie fără de păcat ea însăși. Dacă răscumpărătorul este păcătos, el va fi robul păcatului. Cum poate el să le răscumpere păcatele altora?

După ce Adam a comis păcatul nesupunerii, toți urmașii săi s-au născut cu păcatul originar. Așadar, niciun urmaș al lui Adam nu ar putea să fie Mântuitorul.

Din punct de vedere pământean, Isus este urmașul lui David, iar părinții săi sunt Iosif și Maria. Totuși, în Matei 1:20, ni se spune că: „*Ce S-a zămislit în ea este de la Duhul Sfânt.*"

Motivul pentru care fiecare persoană s-a născut cu păcatul originar este deoarece ea moştenește caracteristicile păcătoase ale părinților, prin spermatozoidul tatălui și ovulul mamei. Totuși, Isus nu a fost conceput din spermatozoidul lui Iosif şi din ovulul Mariei, ci prin puterea Duhului Sfânt, deoarece ea a rămas însărcinată înainte ca ei să fi avut raporturi sexuale. Dumnezeu cel Atotputernic poate concepe un copil prin puterea Duhului Sfânt fără a uni spermatozoidul și ovulul.
Isus nu a făcut altceva decât „să împrumute" corpul Fecioarei Maria. Deoarece El a fost conceput prin puterea Duhului Sfânt, Isus nu a moştenit caracteristicile păcătoase ale păcătoşilor. Deoarece Isus nu este urmașul lui Adam şi nu deține păcatul originar, El îndeplinește şi a doua calitate pentru a fi Mântuitorul.

În al treilea rând, aşa cum răscumpărătorul pământului trebuie să fie îndeajuns de bogat, tot așa Mântuitorul întregii omeniri trebuie să aibă putere să-l învingă pe diavol şi să mântuiască omenirea de acesta.
În Levitic 25:26-27, ni se spun următoarele: *„Dacă un om n-are pe nimeni care să aibă dreptul de răscumpărare şi-i stă în putință lui singur să facă răscumpărarea, să socotească anii de la vânzare, să dea înapoi cumpărătorului ce prisoseşte şi să se întoarcă la moşia lui."*
Cu alte cuvinte, pentru ca o persoană să poată răscumpăra pământul, aceasta trebuie să posede „mijloacele" pentru a face acest lucru. Eliberarea prizonierilor de război necesită ca o

parte să aibă puterea să-l învingă pe inamic, iar plata datoriilor altora necesită ca persoana să aibă mijloacele financiare să facă acest lucru. La fel, eliberarea omenirii de autoritatea diavolului necesită ca Mântuitorul să posede puterea de a-l înfrânge pe diavol pentru a elibera omenirea de diavol.

Înainte de a fi păcătuit, Adam a posedat puterea de a conduce toate creaturile, dat după ce a păcătuit, Adam s-a supus autorității diavolului. De aici ne putem da seama că puterea de a-l înfrânge pe diavol vine din neprihănire.

Isus, fiul lui Dumnezeu, a fost complet fără păcat. Deoarece Isus a fost conceput de către Duhul Sfânt și nu era un urmaș al lui Adam, El nu poseda păcatul originar. În plus, deoarece s-a supus Legii lui Dumnezeu toată viața Sa, Isus nu a comis niciun păcat. Din acest motiv, Apostolul Petru a spus că Isus *„n-a făcut păcat, și în gura Lui nu s-a găsit vicleșug. Când era batjocorit, nu răspundea cu batjocuri; și, când era chinuit, nu amenința, ci Se supunea dreptului Judecător"* (1 Petru 2:22-23).

Deoarece era fără de păcat, Isus avea puterea și autoritatea de a-l înfrânge pe diavol și avea puterea de a mântui omenirea de acesta. Manifestările Sale nenumărate de semne miraculoase și minuni stau mărturie acestui fapt. Isus a lecuit oamenii bolnavi, a scos diavoli, a redat vederea orbilor, a redat auzul surzilor și i-a făcut pe șchiopi să meargă. Isus a calmat chiar și marea involburată și a readus morții la viață.

Faptul că Isus era fără de păcat a fost reafirmat fără nicio îndoială de către Învierea Sa. Potrivit legii tărâmului duhovnicesc, păcătoșii trebuie să plătească cu moartea (Romani 6:23). Dar, deoarece El era fără de păcat, Isus nu a plătit cu moartea. El a murit pe cruce, iar corpul i-a fost îngropat în cavou, dar în cea de-a treia zi, a înviat.

Rețineți că părinți ai credinței precum Enoh și Ilie au fost ridicați la ceruri de vii fără să moară, deoarece erau fără de păcat și au fost sfințiți pe deplin. La fel, în cea de-a treia zi după ce a fost îngropat, Isus a distrus autoritatea diavolului și a Satanei prin învierea Sa și a devenit Mântuitorul întregii omeniri.

În al patrulea rând, așa cum răscumpărătorul pământului trebuie să posede iubire pentru a răscumpăra pământul pentru ruda sa, Mântuitorul omenirii trebuie să posede iubire prin care să-Și dea viața pentru alții.

Chiar dacă Mântuitorul îndeplinește cele trei calități menționate mai devreme, dar nu are iubire, nu ar putea deveni Mântuitorul întregii omeniri. Să presupunem că un frate are o datorie de 100.000$, iar sora sa este multimilionară. Fără iubire, sora nu ar putea răscumpăra datoria fratelui său, iar bogăția sa enormă nu ar însemna nimic pentru fratele ei.

Isus a venit pe lume ca o ființă, nu a fost urmașul lui Adam, și a avut puterea de a înfrânge diavolul deoarece era fără de păcat. Totuși, dacă nu ar fi avut iubire, Isus nu ar fi putut răscumpăra omenirea de păcatele sale. „Răscumpărarea păcatelor omenirii de către Isus" înseamnă că El a primit pedeapsa morții în locul oamenilor. Pentru ca Isus să ne răscumpere păcatele, El a trebuit să fie răstignit ca unul dintre cei mai păcătoși oameni din lume, să sufere batjocura celorlalți și să-și verse sângele. Deoarece iubirea lui Isus pentru omenire era atât de fiebrinte și El era capabil să răscumpere omenirea pentru păcatele sale, Isus nu s-a îngrijorat de pedeapsa răstignirii.

De ce a fost nevoie ca Isus să fie răstignit pe cruce și să-și verse sângele? După cum este scris în Deuteronom 21:23: *„căci cel spânzurat este blestemat înaintea lui Dumnezeu"*, iar potrivit legii tărâmului duhovnicesc: „Prețul păcatului este moartea", Isus a fost răstignit pe cruce pentru a răscumpăra întreaga omenire de blestemul păcatului, care plana asupra oamenilor.

Pe lângă aceasta, în Levitic 17:11 scrie că: *„Căci viața trupului este în sânge. Vi l-am dat ca să-l puneți pe altar, ca să slujească de ispășire pentru sufletele voastre, căci prin viața din el face sângele ispășire."* Nu există iertare a păcatelor fără vărsare de sânge.

Bineînțeles, Leviticul ne spune că făina fină poate fi oferită lui Dumnezeu în loc de sângele animalelor. Această măsură, în schimb, era pentru cei care nu-și permiteau să ofere animale drept jertfă. Nu era tipul de jertfă de sânge care îi plăcea lui Dumnezeu. Isus ne-a răscumpărat păcatele fiind răstignit pe cruce și jertfindu-și sângele pentru noi.

Cât de minunată este iubirea lui Isus dacă El Și-a jertfit sângele pe cruce și a deschis calea mântuirii pentri cei care L-au batjocurit și răstignit, deși El i-a lecuit de tot felul de boli, a rărit legăturile cu răutatea și a făcut doar bine!

Având în vedere legea răscumpărării pământului, ajungem la concluzia că doar Isus îndeplinește calitățile Mântuitorului, care a răscumpărat omenirea pentru păcatele sale.

Calea spre mântuirea omenirii a fost pregătită cu mult înainte

Calea spre mântuirea omenirii s-a deschis când Isus a murit pe cruce și s-a ridicat la ceruri în a treia zi după ce a fost înmormântat, zdrobind autoritatea morții. Venirea lui Isus pe această lume pentru a îndeplini providența mântuirii omenirii și pentru a deveni Mesia pentru omenire a fost prezisă chiar în momentul în care Adam a păcătuit.

În Geneza 3:15, Dumnezeu i-a spus șarpelui care a tentat-o pe femeie: „*Vrăjmășie voi pune între tine și femeie, între sămânța ta și sămânța ei. Aceasta îți va zdrobi capul, și tu îi vei zdrobi călcâiul.*" Aici, „femeie" simbolizează poporul ales, israeliții, din punct de vedere duhovnicesc, iar „șarpele" semnifică dușmanul diavol și Satana, care se opun lui Dumnezeu. Când sămânța „femeii va zdrobi capul [șarpelui]", aceasta înseamnă că Mântuitorul omenirii va veni dintre israeliți și va înfrânge puterea morții și pe inamicul diavol.

Șarpele este lăsat fără putere dacă i se rupe capul. În același mod, când Dumneezu i-a spus șarpelui că sămânța femeii îi va zdrobi capul, El a propovăduit faptul că Hristos se va naște din poporul lui Israel și va distruge autoritatea diavolului și a Satanei și îi va mântui pe păcătoșii legați de autoritatea sa.

Deoarece diavolul și-a dat seama de acest lucru, el a încercat să omoare sămânța femeii înainte de a i se zdrobi capul. Așa s-a gândit diavolul că se va putea bucura întotdeauna de autoritatea pe care i-a înmânat-o nesupusul Adam, doar prin omorârea sămânței femeii. Dușmanul diavol nu știa cine va fi sămânța femeii și astfel a început să comploteze pentru a ucide prorocii cei iubiți și credincioși ai lui Dumenezeu, încă din vremea Vechiului Testamanet.

Când s-a născut Moise, dușmanul diavol l-a instigat pe Faraonul Egiptului să ucidă toți pruncii de sex masculin născuți de femeile lui Israel (Exodul 1:15-22), iar când Isus a venit pe lume, l-a instigat pe Împăratul Irod să ucidă toți pruncii de sex masculin care se găseau în Betleem și în apropiere, cu vârsta de până la doi ani. Din acest motiv, Dumnezeu a lucrat pentru familia lui Isus și a ajutat-o să fugă în Egipt.

Apoi, Isus a crescut sub grija lui Dumnezeu Însuși și a început să propovăduiască la vârsta de 30 de ani. Potrivit dorinței lui Dumnezeu, Isus a mers prin toată Galileea, propovăduind în sinagogi și vindecând orice tip de boală a oamenilor, aducând la viață morții și propovăduind evanghelia Împărăției Cerurilor săracilor.

Diavolul și Satana au instigat preoții și fariseii și au început să comploteze pentru a-L ucide pe Isus. Dar cei răi nici nu-L puteau atinge pe Isus până la momentul ales de Dumnezeu. Doar spre sfârșitul celui de-al treilea an de propovăduire a lui Isus, le-a permis Dumnezeu să-l aresteze și să-l răstignească pentru a îndeplini providența mântuirii omenirii prin răstignirea lui Isus.

Cedând presiunii evreilor, guvernatorul roman Pilat din Pont L-a condamnat pe Isus la răstignire și, astfel, soldații romani i-au pus pe cap o coroană de spini și i-au bătut cuie în mâini și picioare pe cruce.

Răstignirea era una dintre cele mai crude metode pentru a executa un criminal. După ce diavolul a reușit să-L vadă pe Isus răstignit în acel mod crud de către oameni cruzi, cât de mult trebuie să se fi bucurat! Se gândea că nimeni și nimic altceva nu va putea să-i împiedice domnia în lume și a cântat cântece de bucurie și a dansat. Dar providența lui Dumnezeu urma să se împlinească.

Noi propovăduim înțelepciunea lui Dumnezeu, cea tainică și ținută ascunsă, pe care o rânduise Dumnezeu, spre slava noastră, mai înainte de veci, și pe care n-a cunoscut-o niciunul din fruntașii veacului acestuia; căci, dacă ar fi cunoscut-o, n-ar fi răstignit pe Domnul slavei (1 Corinteni 2:7-8).

Deoarece Dumnezeu e drept, El nu-și exercită autoritatea până la punctul de a încălca legea, ci face totul potrivit legii tărâmului duhovnicesc. Astfel, El a pavat calea pentru mântuirea omenirii înainte de vreme, potrivit legii lui Dumnezeu.

Potrivit legii tărâmului duhovnicesc, care spune că „prețul

păcatului e moartea" (Romani 6:23), dacă o persoană nu păcătuieşte, ea nu va muri. Cu toate acestea, diavolul L-a răstignit pe Isus cel fără de păcat şi pată. Aşadar, diavolul a nesocotit legea tărâmului duhovnicesc şi a trebuit să plătească pedeapsa de a-i lua autoritatea lui Adam după ce acesta păcătuise. Cu alte cuvinte, diavolul a fost astfel forţat să predea autoritatea asupra oamenilor care Îl acceptau pe Isus drept Mântuitorul lor şi care credeau în numele Său.

Dacă duşmanul diavol ar fi cunoscut înţelepciunea lui Dumnezeu, nu L-ar fi răstignit pe Isus. Totuşi, neştiind despre acest secret, L-a ucis pe Isus cel fără de păcat, crezând că aceasta îi va asigura conducerea asupra lumii pentru totdeauna. Dar, în realitate, diavolul a căzut în propria sa capcană şi a nesocotit legea tărâmului duhovnicesc. Cât de minunată este înţelepciunea lui Dumnezeu!

Adevărul este că duşmanul diavol a devenit instrumentul pentru îndeplinirea providenţei lui Dumnezeu pentru mântuirea omenirii, şi aşa cum s-a prorocit în Geneză, capul său a fost „zdrobit" de sămânţa femeii.

Prin providenţa şi înţelepciunea lui Dumnezeu, Isus cel fără de păcat a murit pentru a răscumpăra toate păcatele omenirii şi prin învierea Sa, El a zguduit autoritatea diavolului şi a devenit Împăratul Împăraţilor şi Dumnezeul Dumnezeilor. El a deschis calea spre mântuire pentru ca noi să putem fi buni prin credinţa în Isus Hristos.

Astfel, nenumăraţi oameni de-a lungul istoriei omenirii au fost mântuiţi prin credinţa în Isus Hristos şi mulţi încă Îl acceptă chiar și astăzi.

Primirea Duhului Sfânt prin credința în Isus Hristos

De ce primim mântuirea când credem în Isus Hristos? Când Îl acceptăm pe Isus Hristos ca Mântuitorul nostru, primim Duhul Sfânt de la Dumnezeu. Când primim Duhul Sfânt, duhurile noastre, care erau moarte, învie. Deoarece Duhul Sfânt este puterea și inima lui Dumnezeu, Duhul Sfânt îi călăuzește pe copiii lui Dumnezeu spre adevăr și îi ajută să trăiască după voința lui Dumnezeu.

Așadar, cei care cred cu adevărat că Isus Hristos este Mântuitorul lor vor urma dorințele Duhului Sfânt și vor încerca să trăiască potrivit cuvâtnului lui Dumnezeu. Se vor dezbăra de ura, de mânia, de gelozia, de invidia, de judecarea și de condamnarea altor persoane și de adulter și vor umbla spre bunătate și adevăr și îi vor înțelege, sluji și iubi pe ceilalți.

După cum am mai menționat, când primul om, Adam, a păcătuit mâncând din pomul cunoștinței binelui și răului, duhul din om a murit, iar omul s-a găsit pe calea spre distrugere. Dar când l-a primit pe Duhul Sfânt, duhurile noastre moarte au înviat și pe măsură ce căutăm dorințele Duhului Sfânt și umblăm în cuvântul adevărului lui Dumnezeu, devenim oamenii adevărului și ne reluăm imaginea pierdută a lui Dumnezeu.

Când umblăm în cuvântul lui Dumnezeu, credința noastră va fi recunoscută drept „credință adevărată" și, deoarece păcatele noastre vor fi curățate de către sângele lui Hristos potrivit faptelor noastre de credință, vom primi mântuirea. Din acest motiv, în 1 Ioan 1:7 ni se spune că: *„Dar dacă umblăm în lumină, după cum El însuși este în lumină, avem părtășie unii cu alții; și sângele lui Isus Hristos, Fiul Lui, ne curăță de orice păcat."*

Așa vom ajunge la mântuire prin credință după ce am primit iertarea păcatelor noastre. Totuși, dacă umblăm în păcat în ciuda mărturiei noastre de credință, acea mărturie este o minciună și astfel, sângele Domnului nostru Isus Hristos nu ne poate răscumpăra păcatele și nici nu ne poate garanta mântuirea.

Bineînțeles, altfel stau lucrurile în cazul celor care tocmai L-au primit pe Isus Hristos. Chiar dacă încă nu umblă în adevăr, Dumnezeu le va examina inima, va crede că se vor transforma și îi va călăuzi spre mântuire dacă se vor chinui să umble în adevăr.

Isus îndeplineşte prorocirile

Cuvântul lui Dumnezeu despre Mesia, care a fost propovăduit prin proroci, a fost îndeplinit de către Isus. Fiecare aspect al vieţii lui Isus, de la naşterea până la moartea, răstignirea şi învierea Sa, s-a găsit în providenţa lui Dumnezeu pentru ca el să devină Mesia şi Mântuitorul întregii omeniri.

Isus născut de o fecioară din Betleem

Dumnezeu a prorocit naşterea lui Isus prin Prorocul Isaia. În momentul ales de Dumnezeu, puterea lui Dumnezeu cel Atotputernic a coborât asupra unei femei pure, numite Maria din Nazaret din Galileea, iar ea a rămas însărcinată cu copilul Său.

De aceea, Domnul însuşi vă va da un semn: Iată, fecioara va rămâne însărcinată, va naşte un Fiu şi-I va pune numele Emanuel (Isaia 7:14).

Aşa cum Dumnezeu a promis poporului lui Israel: „*Linia împăraţilor din Casa lui David nu se va încheia niciodată*", El a făcut ca Mesia să vină printr-o femeie numită Maria, care trebuia să se mărite cu Iosif, un urmaş al lui David. Deoarece un urmaș al lui Adam, născut cu păcatul original nu ar fi putut răscumpăra omenirea de păcatele sale, Dumnezeu a îndeplinit prorocirea făcând ca fecioara Maria să-I dea naștere lui Isus, înainte ca ea și Iosif să fie căsătoriți.

Și tu, Betleeme Efrata, măcar că ești prea mic între cetățile de căpetenie ale lui Iuda, totuși din tine Îmi va ieși Cel ce va stăpâni peste Israel și a cărui obârșie se suie până în vremuri străvechi, până în zilele veșniciei (Mica 5:2).

Biblia a prorocit că Isus se va naște în Betleem. Într-adevăr, Isus s-a născut în Betleem, în Iudeea, în timpul Împăratului Irod (Matei 2:1), iar istoria atestă acest lucru.

Când Isus s-a născut, Împăratul Irod s-a temut să nu-i ia tronul și a vrut să-l ucidă. Deoarece nu a reușit să găsească copilul, Împăratul Irod a ucis toți pruncii de sex masculin din Betleem și din împrejurimi, în vârstă de până la doi ani, și de aceea, în toată regiunea se auzeau plânsete și vaiete.

Dacă Isus n-ar fi venit pe lume ca adevăratul Împărat al Iudeilor, de ce ar fi sacrificat împăratul atâția copii pentru un singur copil? Această tragedie a avut loc, deoarece dușmanul diavol, care încerca să-l ucidă pe Mesia de frica de a nu pierde domnia asupra lumii, a mișcat inima Împăratului Irod, căruia îi era frică să nu-și piardă coroana, și l-a făcut să comită această atrocitate.

Isus mărturiseşte despre Dumnezeul cel Viu

Înainte de a-şi începe preoţia, Isus a păstrat Legea în totalitate în cei 30 de ani ai vieţii Sale. Iar când a ajuns la vârsta de a deveni preot, El a început să îndeplinească prorocirea de a deveni Mesia, aşa cum era planificat înainte de vremuri.

Duhul Domnului Dumnezeu este peste Mine, căci Domnul M-a uns să aduc veşti bune celor nenorociţi: El M-a trimis să vindec pe cei cu inima zdrobită, să vestesc robilor slobozenia, şi prinşilor de război, izbăvirea; să vestesc un an de îndurare al Domnului şi o zi de răzbunare a Dumnezeului nostru; să mângâi pe toţi cei întristaţi; să dau celor întristaţi din Sion, să le dau o cunună împărătească în loc de cenuşă, un untdelemn de bucurie în locul plânsului, o haină de laudă în locul unui duh mâhnit, ca să fie numiţi „terebinţi ai neprihănirii", „un sad al Domnului", ca să slujească spre slava Lui (Isaia 61:1-3).

După cum se spune în prorocirea de mai sus, Isus a rezolvat toate problemele vieţii cu puterea lui Dumnezeu şi i-a vindecat pe cei cu inima zdrobită. Iar când a venit momentul ales de Dumnezeu, Isus s-a dus la Ierusalim pentru a suferi Patimile.

Saltă de veselie, fiica Sionului! Strigă de bucurie, fiica Ierusalimului! Iată că Împăratul tău vine la tine;

El este neprihănit şi biruitor, smerit şi călare pe un măgar, pe un mânz, pe mânzul unei măgăriţe (Zaharia 9:9).

Potrivit prorocirii lui Zaharia, Isus a intrat în Ierusalim pe un mânz. Mulţimile au strigat: *„Osana, Fiul lui David! Binecuvântat este Cel ce vine în Numele Domnului! Osana în cerurile preaînalte!"* (Matei 21:9) şi era agitaţie în tot oraşul. Oamenii s-au bucurat în acel mod, deoarece Isus înfăptuise atâtea semne şi minuni, precum mersul pe apă şi învierea morţilor. Totuşi, curând, mulţumile L-au înşelat şi L-au răstignit.

Când au văzut mulţimile mari care Îl urmau pe Isus pentru a-I asculta cuvintele pline de autoritate şi pentru a vedea manifestările puterii lui Dumnezeu, preoţii, fariseii şi învăţăceii au simţit că poziţia lor în societate era ameninţată. Din ură pentru Isus, ei au complotat să-L ucidă. Au născocit tot felul de probe neadevărate împotriva lui Isus şi L-au acuzat că amăgeşte şi incită poporul. Isus a prezentat multe fapte măreţe ale puterii lui Dumnezeu, care nu ar fi putut fi altfel înfăptuite dacă Dumnezeu n-ar fi fost cu El, dar ei au încercat să scape de Isus.

În cele din urmă, unul dintre ucenicii lui Isus L-a trădat, iar preoţii i-au plătit treizeci de arginţi pentru că i-au ajutat să-L aresteze pe Isus. Profeţiile lui Zaharia privind cei treizeci de arginţi, care spune că: *„am luat cei treizeci de arginţi şi i-am aruncat în Casa Domnului pentru olar",* s-a înfăptuit (Zaharia 11:12-13).

Mai târziu, cel care L-a trădat pe Isus pentru treizeci de

arginți nu a reușit să depășească sentimentul de vină pe care îl avea și a aruncat cei treizeci de arginți într-un Templu, dar preoții au cheltuit acei bani pentru a cumpăra „țarina olarului" (Matei 27:3-10).

Patimile și moartea lui Isus

După cum a propovăduit Profetul Isaia, Isus a suferit Patimile pentru a mântui omenirea. Deoarece Isus a venit pe lume pentru a îndeplini providența de a răscumpăra poporul de păcatele sale, El a fost răstignit pe o cruce de lemn, care era simbolul blestemului și a fost sacrificat ca jertfă pentru vina omenirii.

Totuși El suferințele noastre le-a purtat, și durerile noastre le-a luat asupra Lui, și noi am crezut că este pedepsit, lovit de Dumnezeu și smerit. Dar El era străpuns pentru păcatele noastre, zdrobit pentru fărădelegile noastre. Pedeapsa care ne dă pacea a căzut peste El, și prin rănile Lui suntem tămăduiți. Noi rătăceam cu toții ca niște oi, fiecare își vedea de drumul lui, dar Domnul a făcut să cadă asupra Lui nelegiuirea noastră a tuturor. Când a fost chinuit și asuprit, n-a deschis gura deloc, ca un miel pe care-l duci la măcelărie și ca o oaie mută înaintea celor ce o tund: n-a deschis gura. El a fost luat prin apăsare și judecată. Dar cine din cei de pe vremea Lui a crezut că El fusese șters de pe pământul celor vii și lovit de moarte pentru păcatele poporului meu? Groapa Lui a fost pusă între cei răi, și mormântul Lui, la un loc cu cel bogat, măcar că nu săvârșise nicio nelegiuire și nu se găsise niciun vicleșug în gura Lui. Domnul a găsit cu cale să-L zdrobească prin suferință... Dar, după ce Își va da viața ca jertfă pentru păcat, va vedea o sămânță de urmași, va trăi multe zile, și lucrarea Domnului va propăși în mâinile Lui (Isaia 53:4-10).

În vremea Vechiului Testament, sângele animalelor era oferit lui Dumnezeu de fiecare dată când o persoană păcătuia împotriva Lui. Dar Isus și-a vărsat sângele Său pur, care nu avea nici păcat originar, nici păcat comis de către sine, și „S-a sacrificat o dată pentru totdeauna pentru păcatele dintotdeauna", pentru ca toți oamenii să poată primi iertarea pentru păcatele lor și să trăiască viața veșnică (Evrei 10:11-12). Astfel, El a deschis drumul spre iertarea păcatelor și spre mântuirea prin credință în Isus Hristos, iar noi nu mai trebuie să sacrificăm animale pentru sângele lor.

Când Isus și-a dat suflarea pe cruce, perdeaua dinăuntrul templului s-a rupt în două, de sus până jos (Matei 27:51). Perdeaua dinăuntrul templului era o perdea mare care separa Sanctuarul Interior de Locul Sfânt din Templu, și niciun om obișnuit nu putea intra în Locul Sfânt. Doar preotul cel mare putea intra acolo o dată pe an.

Faptul că „perdeaua dinăuntrul templului s-a rupt în două, de sus până jos" simbolizează faptul că atunci când s-a sacrificat,

Isus a distrus peretele păcatului care stătea între Dumnezeu și noi. În vremurile din Vechiul Testament, marii preoți trebuiau să ofere sacrificii lui Dumnezeu pentru răscumpărarea păcatelor poporului lui Israel și să se roage lui Dumnezeu pentru aceasta. Acum că peretele păcatului a fost distrus, putem comunica cu Dumnezeu noi înșine. Cu alte cuvinte, oricine crede în Isus Hristos poate intra în templul sfânt și Îl poate idolatriza și I se poate ruga Lui acolo.

De aceea, Îi voi da partea Lui la un loc cu cei mari, și va împărți prada cu cei puternici, pentru că S-a dat pe Sine însuși la moarte și a fost pus în numărul celor fărădelege, pentru că a purtat păcatele multora și S-a rugat pentru cei vinovați (Isaia 53:12).

După cum a scris Profetul Isaia în Patimile și Răstignirea lui Mesia, Isus a murit pe cruce pentru păcatele tuturor oamenilor, în rând cu ceilalți păcătoși. Chiar și când murea pe cruce, El L-a rugat pe Dumnezeu să-i ierte pe cei care îl răstigneau.

Tată, iartă-i, căci nu știu ce fac! (Luca 23:34).

Când a murit pe cruce, s-a împlinit profeția din Psalmi: *„Toate oasele i le păzește, ca niciunul din ele să nu i se sfărâme"* (Psalm 34:20). Îi putem găsi împlinirea în Ioan 19:32-33: *„Ostașii au venit deci și au zdrobit fluierele picioarelor celui dintâi, apoi pe ale celuilalt care fusese răstignit împreună* *cu El. Când au venit la Isus şi au văzut că murise, nu I-au zdrobit fluierele picioarelor."*

Isus Îşi îndeplineşte misiunea de a deveni Mesia

Isus a purtat păcatele omenirii pe cruce şi a murit pentru ele ca jertfă a păcatului, dar îndeplinirea providenţei mântuirii nu s-a realizat prin moartea lui Isus.

După cum a fost propovăduit în Psalmul 16:10: *"Căci nu vei lăsa sufletul meu în Locuinţa morţilor, nu vei îngădui ca preaiubitul Tău să vadă putrezirea"*, iar în Psalmul 118:17: *"Nu voi muri, ci voi trăi şi voi povesti lucrările Domnului"*, trupul lui Isus nu a putrezit, iar El S-a ridicat la ceruri într-a treia zi.

După cum a fost propovăduit în Psalmul 68:18: *"Te-ai suit pe înălţime, ai luat prinşi de război, ai luat în dar oameni; cei răzvrătiţi vor locui şi ei lângă Domnul Dumnezeu"*, Isus S-a ridicat la ceruri şi aşteaptă ultima zi în care Îşi va termina cultivarea omenirii şi Îşi va conduce poporul în ceruri.

Este uşor de observat cum tot ceea ce a propovăduit Dumnezeu despre Mesia prin prorocii Săi s-a îndeplinit în totalitate prin Isus Hristos.

Moartea lui Isus și prorocirile privind poporul lui Israel

Poporul ales, Israelul, nu L-a recunoscut pe Isus ca fiind Mesia. Totuși, Dumnezeu nu Și-a uitat poporul pe care L-a ales și astăzi îndeplinește providența de mântuire a Israelului. Chiar prin răstignirea lui Isus, Dumnezeu a propovăduit viitorul poporului lui Israel, iar acest lucru se datorează iubirii Sale pentru el și dorinței Sale ca acesta să creadă în Mesia pe care El L-a trimis pentru a-i mântui.

Suferințele pentru poporul lui Israel care L-a răstignit pe Isus

Deși guvernatorul roman, Pilat din Pont, L-a condamnat pe Isus la răstignire, evreii au fost cei care l-au convins pe Pilat să ia această decizie. Pilat știa că nu exista niciun motiv bine întemeiat să-L omoare pe Isus, dar mulțimea l-a presat, cerând răstignirea lui Isus, chiar până la revoltă.

Pentru a-și întări decizia de a-L răstigni pe Isus, Pilat a luat apă și s-a spălat pe mâini în fața norodului și le-a zis: „*Eu sunt nevinovat de sângele Neprihănitului acestuia. Treaba voastră!*" (Matei 27:24). Drept răspuns, evreii au strigat:

„*Sângele Lui să fie asupra noastră și asupra copiilor noștri*" (Matei 27:25).

În 70 d.Hr., Ierusalimul a căzut sub conducerea generalului roman Titus. Templul a fost distrus, iar supraviețuitorii au fost forțați să-și părăsească patria și să se împrăștie prin lume. Astfel, a început Diaspora, care a durat aproape 2.000 de ani. În timpul perioadei Diasporei, durerea îndurată de poporul lui Israel nu poate fi descrisă în cuvinte.

Când a căzut Ierusalimul, aproape 1,1 milioane de evrei au fost omorâți, iar în timpul celui de-al Doilea Război Mondial, aproximativ șase milioane de evrei au fost masacrați de către naziști. Când au fost masacrați de către naziști, evreii au fost dezbrăcați, iar aceasta amintește de vremea când Isus a fost răstignit dezbrăcat.

Bineînțeles, din perspectiva Israelului, ei nu consideră că suferința lor se datorează răstignirii lui Isus. Privind în urmă la istoria Israelului, se poate vedea faptul că Israelul a fost protejat de Dumnezeu și evreii s-au îmbogățit peste tot unde au trăit prin voia lui Dumnezeu. Când s-au îndepărtat de voința lui Dumnezeu, israeliții au fost disciplinați și supuși suferințelor și încercărilor.

Așadar, știm că suferința Israelului are o anumită cauză. Dacă răstignirea lui Isus ar fi fost ceea ce trebuia în ochii lui Dumnezeu, de ce-ar fi lăsat Dumnezeu Israelul în calea atâtor nenorociri de-a lungul timpului?

Hainele și cămașa lui Isus și viitorul poporului lui Israel

Un alt incident care a prevestit relele care urmau să se abată asupra acestui popor s-a întâmplat la locul în care Isus a fost răstignit. După cum se spune în Psalmul 22:18: „*își împart hainele mele între ei și trag la sorți pentru cămașa mea*", soldații romani I-au luat hainele lui Isus și au făcut patru părți, una pentru fiecare soldat, în timp ce au tras la sorți cămașa, iar unul dintre soldați a câștigat-o.

Cum este acest eveniment legat de viitorul Israelului? Deoarece Isus este Împăratul Evreilor, hainele lui Isus simbolizează din punct de vedere duhovnicesc poporul ales de Dumnezeu, statul Israel și poporul său. Când hainele lui Isus au fost împărțite în patru bucăți, iar forma acestora a dispărut, acest lucru a prevestit distrugerea statului Israel. Totuși, deoarece materialul hainelor a rămas, evenimentul a prezis faptul că, chiar dacă statul Israel va dispărea, numele de „Israel" va rămâne.

Care este semnificația faptului că soldații romani au luat hainele lui Isus și au făcut patru părți, o parte pentru fiecare soldat? Aceasta semnifică faptul că poporul lui Israel va fi distrus de către Roma și că va fi împrăștiat. Această prorocire a fost îndeplinită și prin căderea Ierusalimului și prin distrugerea statului Israel, ceea ce a forțat evreii să se împrăștie în diferite părți ale lumii.

Despre cămașa lui Isus, în Ioan 19:23, ni se spune că: „*I-au luat și cămașa, care n-avea nicio cusătură, ci era dintr-o singură țesătură de sus până jos.*" Faptul că această cămașă era „fără cusătură" semnifică faptul că nu existau mai multe straturi de material care să fie cusute împreună.

Multor oameni nu le pasă de modul în care hainele lor sunt cusute. De ce oare prezintă Biblia în detaliu structura cămășii lui Isus? Aceasta reprezintă prorocirea privind evenimentele care vor avea loc pentru poporul lui Israel.

Cămașa lui Isus simbolizează inima poporului lui Israel, inima prin care îl servește pe Dumnezeu. Faptul că cămașa „n-avea nicio cusătură, ci era dintr-o singură țesătură de sus până jos" semnifică faptul că inima poporului lui Israel către Dumnezeu a durat de la străbunul lor Iacob și nu s-a schimbat în nicio circumstanță.

Prin cele Douăsprezece Triburi care au apărut după vremea lui Avraam, Isaac și Iacob, ei au format un neam, iar poporul lui Israel nu a renunțat la puritate ca neam și nu s-a combinat cu gentilii. După împărțirea în Împărăția lui Israel în partea de nord și în Împărăția lui Iuda în partea de sud, cei din partea de nord s-au amestecat cu alții, dar Iuda a rămas un neam omogen. Chiar și astăzi, evreii își păstrează identitatea care datează din vremurile părinților credinței.

Așadar, chiar dacă hainele lui Isus au fost rupte în patru părți, cămașa sa a rămas intactă. Aceasta semnifică faptul că, deși statul Israel poate dispărea de pe hartă, inima poporului lui Israel spre Dumnezeu și credința în El nu se va stinge niciodată.

Deoarece au această inimă credincioasă, Dumnezeu i-a ales ca popor al Său şi prin ei, Şi-a îndeplinit planul şi voinţa chiar şi până astăzi. Chiar după trecerea mileniului, poporul lui Israel încă respectă cu stricteţe Legea. Aceasta se datorează faptului că ei au moştenit inima neschimbătoare a lui Iacob. Drept rezultat, aproape 1.900 de ani după ce şi-a pierdut ţara, poporul lui Israel a şocat lumea declarându-şi independenţa şi refăcându-şi statul în 14 mai 1948.

Căci vă voi scoate dintre neamuri, vă voi strânge din toate ţările şi vă voi aduce iarăşi în ţara voastră (Ezechiel 36:24).

Veţi locui în ţara pe care am dat-o părinţilor voştri; voi veţi fi poporul Meu, şi Eu voi fi Dumnezeul vostru (Ezechiel 36:28).

După cum a fost prorocit în Vechiul Testament: „*După multe zile, vei fi în fruntea lor*", poporul lui Israel a ocupat Palestina şi a creat un stat din nou (Ezechiel 38:8). În plus, dezvoltându-se ca una dintre cele mai puternice naţiuni din lume, Israelul şi-a reafirmat din nou caracteristicile superioare ca naţiune.

Dumnezeu doreşte ca Israelul să se pregătească pentru revenirea lui Isus

Dumnezeu doreşte ca noul stat format, Israel, să se pregătească pentru Revenirea Mesiei. Isus a venit pe pământul lui Israel acum aproximativ 2.000 de ani, îndeplinind în totalitate providența de mântuire a omenirii și devenind Mesia și Mântuitorul omenirii. Când El S-a ridicat la ceruri, El a promis că Se va întoarce, iar acum Dumnezeu dorește ca poporul Său să aștepte reîntoarcerea Mesiei, cu credință adevărată.

Când Mesia Isus Hristos Se va întoarce, El nu va veni într-un staul și nu va trebui să sufere răstignirea ca acum două mii de ani. El va apărea conducând gazdele și îngerii duhovnicești și Se va întoarce ca Împăratul Împăraților în slava Lui Dumnezeu pentru ca toată lumea să-L vadă.

Iată că El vine pe nori. Și orice ochi Îl va vedea; și cei ce L-au străpuns. Și toate semințiile pământului se vor boci din pricina Lui! Da, Amin (Apocalipsa 1:7).

Când momentul va veni, toți oamenii, credincioși și necredincioși, vor fi martori la revenirea Domnului prin văzduh. În acea zi, toți cei care cred în Isus ca Mântuitor al nostru vor fi ridicați la ceruri și vor participa la Ospățul de Nuntă din văzduh, dar ceilalți vor fi lăsați în urmă pentru a-și deplânge soarta.

Așa cum Dumnezeu l-a creat pe primul om Adam și a început cultivarea omenirii, tot așa va exista, cu siguranță, și un sfârșit al său. Așa cum agricultorul plantează semințe și culege recolta, va exista un moment de recoltă pentru cultivarea omenirii. Cultivarea omenirii de către Dumnezeu va fi realizată la cea de-a doua venire a Mesiei Isus Hristos.

Isus ne spune în Apocalipsa 22:7: „*Și iată, Eu vin curând! Ferice de cel ce păzește cuvintele prorociei din cartea aceasta!*" Suntem în ultimele zile. În marea Sa iubire pentru Israel, Dumnezeu își luminează oamenii prin istoria lor pentru ca să-L accepte pe Mesia. Dumnezeu dorește cu adevărat nu doar ca poporul său ales, ci ca toată omenirea să-L primească pe Isus Hristos înainte de terminarea cultivării omenirii.

Biblia evreiască, cunoscută creștinilor drept Vechiul Testament

Capitolul 3

Dumnezeul în care crede Israelul

Legea și tradiția bătrânilor

În timp ce Dumnezeu Își călăuzea poporul ales, Israel, din Egipt și în tărâmul promis al Canaanului, El a apărut pe Muntele Sinai. Apoi, Dumnezeu l-a chemat pe Moise, conducătorul Exodului, la El și i-a spus că preoții trebuie să se târnosească când se apropie de Dumnezeu. Pe lângă aceasta, Dumnezeu a transmis poporului cele Zece Porunci și multe alte legi prin intermediul lui Moise.

Când Moise a povestit în mod oficial toate cuvintele lui Iehova-Dumnezeu și le-a prezentat legile oamenilor, ei au răspuns într-un singur glas astfel: *„Vom face tot ce a zis Domnul"* (Exodul 24:3). Dar, în timp ce Moise se găsea pe Muntele Sinai unde fusese chemat de Dumnezeu, poporul l-a pus pe Aaron să creeze imaginea unui vițel și au comis marele păcat de a se închina unui idol.

Cum au putut să comită un asemenea mare păcat, fiind poporul ales al lui Dumnezeu? Toți oamenii de la Adam, care a comis păcatul nesupunerii, sunt urmașii lui Adam și s-au născut cu natura păcătoasă în ei. Ei vor păcătui înainte de a fi sfințiți prin tăierea inimii împrejur. De aceea, Dumnezeu L-a trimis pe unicul său fiu Isus, iar prin răstignirea Sa, El ne-a deschis calea pentru a fi iertați de păcate.

De ce a dat Dumnezeu lumii Legea? Cele Zece Porunci pe care Dumnezeu ni le-a dat prin Moise, sunt regulile și decretele care sunt cunoscute drept Legea.

Prin Lege, Dumnezeu i-a călăuzit spre tărâmul unde curgea lapte și miere

Motivul pentru care Dumnezeu a dat poporului lui Israel Legea în timpul Exodului din Egipt este pentru ca ei să se bucure de binecuvântarea prin care puteau intra pe tărâmul Canaan, locul unde curgea lapte și miere. Poporul a primit Legea direct de la Moise, dar nu a respectat legământul făcut cu Dumnezeu și a comis multe păcate inclusiv închinarea la idoli și adulterul. În cele din urmă, mulți dintre ei au murit datorită păcatelor lor în timpul celor patruzeci de ani în deșert.

Cartea Deuteronomului a fost scrisă potrivit ultimelor cuvinte ale lui Moise și prezintă legământul făcut cu Dumnezeu și legile. Când cei mai mulți dintre oamenii din generația Exodului au murit, cu excepția lui Iosua și Caleb, și când a venit momentul să-și părăsească poporul, Moise a îndemnat cea de-a doua și a treia generație a Exodului să-L iubească pe Dumnezeu și să se supună Poruncilor Sale.

Acum, Israele, ce alta cere de la tine Domnul Dumnezeul tău, decât să te temi de Domnul Dumnezeul tău, să umbli în toate căile Lui, să iubești și să slujești Domnului Dumnezeului tău din toată inima ta și din tot sufletul tău, să păzești poruncile Domnului și legile Lui pe care ți le dau astăzi, ca să fii fericit? (Deuteronomul 10:12-13).

Dumnezeu le-a dat Legea deoarece voia ca ei să I se supună din toată inima și să își confirme iubirea lor pentru Dumnezeu prin supunerea lor. Dumnezeu nu le-a dat Legea pentru a-i lega de El, ci El dorea să le accepte inimile în supunere și să le ofere binecuvântări.

Și poruncile acestea, pe care ți le dau astăzi, să le ai în inima ta. Să le întipărești în mintea copiilor tăi și să vorbești de ele când vei fi acasă, când vei pleca în călătorie, când te vei culca și când te vei scula. Să le legi ca un semn de aducere aminte la mâini și să-ți fie ca niște fruntare între ochi. Să le scrii pe ușorii casei tale și pe porțile tale (Deuteronomul 6:6-9).

Prin aceste versuri, Dumnezeu le-a spus să își țină în inimi Legea, să o aducă la cunoștința copiilor lor și să o pună în practică. De-a lungul vremurilor, poruncile și ordinele lui Dumnezeu scrise în cele Cinci Cărți ale lui Moise sunt încă memorate și păstrate, dar accentul pe respectarea Legii este exprimat în mod clar.

Legea şi tradiţia bătrânilor

De exemplu, Legea porunceşte ca Sabatul să fie păstrat sfânt, iar bătrânii au stabilit multe tradiţii detaliate pentru respectarea poruncii, de ex. chiar şi interzicerea de a folosi uşile automate, a lifturilor şi a scărilor rulante şi de a deschide scrisorile de afaceri, paşapoartele şi alte pachete. Cum au apărut aceste tradiţii strămoşeşti?

Când Templul lui Dumnezeu a fost distrus, iar poporul lui Israel a fost dus în Robia Babiloniană, acesta a crezut că nu L-a slujit pe Dumnezeu din toată inima. Trebuiau să-L slujească şi mai bine şi să aplice Legea în situaţii care s-ar schimba odată cu trecerea timpului, aşa că au stabilit nişte reguli stricte.

Aceste reguli au fost stabilite pentru a-L sluji pe Dumnezeu din toată inima. Cu alte cuvinte, au stabilit multe reguli stricte care detaliau fiecare aspect al vieţii pentru a-şi putea păstra Legea în viaţa zilnică.

Uneori, aceste reguli stricte au jucat rolul de protejare a Legii. Dar, pe măsură ce a trecut timpul, ei au pierdut sensul adevărat al Legii şi au dat mai multă importanţă exprimării exterioare a respectării acesteia. În acest mod, ei au ajuns să devieze de la adevăratul sens al Legii.

Dumnezeu vede şi acceptă inima fiecăruia în păstrarea Legii

mai degrabă decât accentuarea expresiei exterioare a respectării Legii prin fapte. Așadar, El a creat Legea pentru a-i căuta pe cei care Îl onorează cu adevărat și pentru a-i binecuvânta pe cei care I se supun. Deși multe persoane din Vechiul Testament păreau că respectă Legea, existau și multe persoane care nu o respectau.

> *„Cine din voi va închide porțile, ca să n-aprindeți degeaba focul pe altarul Meu? N-am nicio plăcere de voi, zice Domnul oștirilor, și darurile de mâncare din mâna voastră nu-Mi sunt plăcute!"* (Maleahi 1:10).

Când învățătorii Legii și bătrânii L-au insultat pe Isus și i-au condamnat pe ucenicii Săi, acest lucru s-a întâmplat nu deoarece Isus și ucenicii său au nesocotit Legea, ci deoarece ei au nesocotit tradiția bătrânilor. Acest lucru este foarte bine explicat în Evanghelia după Matei.

> *Pentru ce calcă ucenicii Tăi datina bătrânilor? Căci nu-și spală mâinile când mănâncă* (Matei 15:2).

În acel moment, Isus i-a luminat în legătură cu faptul că nu poruncile lui Dumnezeu erau nesocotite, ci tradițiile bătrânilor. Este important a se respecta Legea din punct de vedere exterior, dar este mult mai important să se realizeze **adevărata voință a lui Dumnezeu**, care este inclusă în Lege.

Iar Isus le-a răspuns şi le-a spus:

Dar voi de ce călcaţi porunca lui Dumnezeu în folosul datinii voastre? Căci Dumnezeu a zis: „Cinsteşte pe tatăl tău şi pe mama ta" şi: „Cine va grăi de rău pe tatăl său sau pe mama sa să fie pedepsit negreşit cu moartea." Dar voi ziceţi: „Cine va zice tatălui său sau mamei sale: Ori cu ce te-aş putea ajuta l-am închinat lui Dumnezeu nu mai este ţinut să cinstească pe tatăl său sau pe mama sa. Şi aţi desfiinţat astfel Cuvântul lui Dumnezeu în folosul datinii voastre" (Matei 15:3-6).

În următoarele versete, Isus mai spune următoarele:

Făţarnicilor, bine a prorocit Isaia despre voi, când a zis: „Norodul acesta se apropie de Mine cu gura şi Mă cinsteşte cu buzele, dar inima lui este departe de Mine. Degeaba Mă cinstesc ei, învăţând ca învăţături nişte porunci omeneşti" (Matei 15:7-9).

După ce Isus a chemat mulţimea la Sine, El le-a zis:

Ascultaţi şi înţelegeţi: Nu ce intră în gură spurcă pe om; ci ce iese din gură, aceea spurcă pe om (Matei 15:10-11).

Copiii lui Dumnezeu trebuie să-şi cinstească părinţii după cum este scris în cele Zece Porunci. Dar fariseii i-au învăţat pe oameni că copiii care trebuie să-şi slujească şi să-şi cinstească părinţii prin posesiunile lor, pot fi scutiţi de această îndatorire dacă spun că posesiunile lor vor fi oferite lui Dumnezeu. Au creat atâtea reguli care detaliază fiecare aspect al Legii încât gentilii nici nu îndrăzneau să menţină cu stricteţe tradiţiile bătrânilor, ei considerau că se descurcau foarte bine ca poporul ales de Dumnezeu.

Dumnezeul în care crede Israelul

Când Isus i-a vindecat pe bolnavi în ziua de Sabat, fariseii L-au condamnat pentru că a nesocotit ziua Sabatului. Într-o zi, Isus a intrat într-o sinagogă şi a văzut un bărbat stând în faţa fariseilor, cu mâna uscată. Isus a vrut să-i trezească şi să-i întrebe următoarele:

Este îngăduit în ziua Sabatului să faci bine sau să faci rău? Să scapi viaţa cuiva sau s-o pierzi? (Marcu 3:4).

Cine este omul acela dintre voi care, dacă are o oaie, şi-i cade într-o groapă, în ziua Sabatului, să n-o apuce şi s-o scoată afară? Cu cât mai de preţ este deci un om decât o oaie? De aceea este îngăduit a face bine în zilele de Sabat (Matei 12:11-12).

Deoarece fariseii urmau cu credință legile formate în tradiția bătrânilor și a gândurilor și stilului de viață centrat pe sine, ei nu au reușit să înțeleagă adevărata voință a lui Dumnezeu înscrisă în Lege și nici pe Isus, care a venit pe pământ ca Mântuitor.

Isus i-a rugat neîncetat să se căiască și să-și îndrepte relele. El le-a reproșat că, deoarece aceștia au neglijat adevăratul scop al lui Dumenzeu pentru Legea pe care Acesta le-a dat-o, ei s-au concentrat pe faptele exterioare ale respectării Legii.

Vai de voi, cărturari și farisei fățarnici! Pentru că voi dați zeciuială din izmă, din mărar și din chimen și lăsați nefăcute cele mai însemnate lucruri din Lege: dreptatea, mila și credincioșia; pe acestea trebuia să le faceți, și pe acelea să nu le lăsați nefăcute (Matei 23:23).

Vai de voi, cărturari și farisei fățarnici! Pentru că voi curățați partea de afară a paharului și a blidului, dar înăuntru sunt pline de răpire și de necumpătare (Matei 23:25).

Poporul lui Israel, care a fost sub dominația Imperiului Roman, și-a imaginat că Mesia va veni pentru ei cu putere mare și onoare și că Mesia va putea să-i elibereze din mâinile opresorilor și că vor domni peste toate neamurile.

Între timp, s-a născut fiul unui dulgher; El stătea pe lângă cei abandonați, cei bolnavi și cei păcătoși; El îi spunea „tată" lui Dumnezeu și a mărturisit că *El este Lumina Lumii*. Când i-a certat pentru păcatele lor, cei care au păstrat Legea după standardul lor și s-au declarat a fi neprihăniți, I-au simțit cuvintele în inimă și au fost tăiați de Ele și L-au răstignit fără motiv.

Dumnezeu dorește ca noi să fim iubitori și iertători

Fariseii au respectat cu strictețe regulile iudaismului și au adunat ani întregi de tradiții și obiceiuri valoroase precum viețile lor. Ei i-au considerat pe vameși, care lucrau pentru Imperiul Roman, ca fiind păcătoși și îi evitau.

În Matei 9:10, se spune că Isus ședea la masă în casa unui vameș numit Matei și că mulți vameși și păcătoși mâncau cu Isus și cu ucenicii Săi. Când fariseii au văzut acest lucru, ei le-au spus ucenicilor: „Pentru ce mănâncă Învățătorul vostru cu vameșii și cu păcătoșii?" Când Isus i-a auzit că îi condamnau pe ucenicii Săi, El le-a explicat despre inima lui Dumnezeu. Dumnezeu Își oferă iubirea și mila oricui se pocăiește pentru păcatele sale din inimă și se întoarce de la ele.

Matei 9:12-13 continuă astfel: „*Isus i-a auzit și le-a zis: Nu cei sănătoși au trebuință de doctor, ci cei bolnavi. Duceți-vă de învățați ce înseamnă: „Milă voiesc, iar nu jertfă!"* Căci n-am *venit să chem la pocăinţă pe cei neprihăniţi, ci pe cei păcătoşi."*

Când răutatea oamenilor din Ninive a ajuns la ceruri, Dumnezeu a fost pe punctul de a distruge acest oraş. Dar, înainte de a face acest lucru, El şi-a trimis profetul, pe Iona, pentru a-i face să se căiască pentru păcatele lor. Oamenii au postit şi s-au pocăit pentru păcatele lor, iar Dumnezeu a renunţat la idea de a-i distruge. Totuşi, fariseii au considerat că cine nu respectă Legea, trebuie neapărat judecat. Cea mai importantă parte a Legii este iubirea şi mila, dar fariseii au considerat că a judeca pe cineva este mai drept şi mai valoros decât a-l ierta cu iubire.

În același mod, când nu înțelegem inima lui Dumnezeu care ne-a dat Legea, suntem forțați să judecăm totul cu propriile noastre gânduri şi teorii, iar acele judecăți pot fi false şi împotriva lui Dumnezeu.

Adevăratul scop pentru care Dumnezeu ne-a dat Legea

Dumnezeu a creat cerurile și pământul și tot ce era în ele cu scopul de a obține niște copii adevărați care să semene inimii Sale. Cu acest scop, Dumnezeu a spus poporului său *"să vă sfințiți și fiți sfinți"* (Leviticul 11:44). Pe vremea lui Isus, fariseii și cărturarii aveau un interes mai mare în jertfe și în acțiunile de a respecta Legea decât în sfințirea inimilor lor. Dumnezeu nu disprețuiește o inimă zdrobită și mâhnită (Psalmul 51:16-17), așa că ne-a dat Legea pentru a ne permite să ne pocăim și să ne întoarcem fața de la păcate prin Lege.

Adevărata voință a lui Dumnezeu inclusă în Legea Vechiului Testament

Aceasta nu înseamnă că acțiunile poporului lui Israel de a respecta Legea nu includeau iubirea pentru Dumnezeu. Dar singurul lucru pe care Dumnezeu dorea ca ei să-l facă era sfințirea inimii, iar El i-a certat foarte serios prin prorocul Isaia.

„Ce-Mi trebuie Mie mulțimea jertfelor voastre, zice

Domnul. Sunt sătul de arderile de tot ale berbecilor și de grăsimea vițeilor; nu-Mi place sângele taurilor, oilor și țapilor. Când veniți să vă înfățișați înaintea Mea, cine vă cere astfel de lucruri, ca să-Mi spurcați curțile? Nu mai aduceți daruri de mâncare nefolositoare, căci Mi-e scârbă de tămâie! Nu vreau luni noi, Sabate și adunări de sărbătoare, nu pot să văd nelegiuirea unită cu sărbătoarea!" (Isaia 1:11-13).

Adevăratul înțeles al respectării Legii nu este reprezentat de acțiunea exterioară, ci de dorința inimii interioare. Așadar, Dumnezeu nu era mulțumit de multiplele jertfe care Îi erau oferite doar pentru acțiunea superficială și obișnuită de a intra în curțile sfinte. Indiferent de câte jertfe ofereau potrivit Legii, Dumnezeu nu era mulțumit de acest lucru, deoarece inimile lor nu erau așa cum trebuiau să fie potrivit voinței lui Dumnezeu.

La fel se întâmplă și cu rugăciunile noastre. În rugăciunile noastre, doar acțiunea de a te ruga nu este importantă, ci atitudinea inimii noastre în rugăciune este cea care contează. Un psalmist spune în Psalmul 66:18: *„Dacă aș fi cugetat lucruri nelegiuite în inima mea, nu m-ar fi ascultat Domnul."*

Dumnezeu a spus poporului lui Israel prin Isus că pentru El nu erau importante rugăciunile fățarnice sau pentru a-L impresiona, ci rugăciunile sincere din inimă.

Când vă rugați, să nu fiți ca fățarnicii, cărora le place să se roage stând în picioare în sinagogi și la colțurile ulițelor, pentru ca să fie văzuți de oameni. Adevărat vă spun că și-au luat răsplata. Ci tu, când te rogi, intră în odăița ta, încuie-ți ușa și roagă-te Tatălui tău, care este în ascuns; și Tatăl tău, care vede în ascuns, îți va răsplăti (Matei 6:5-6).

Același lucru se întâmplă când ne pocăim pentru păcatele noastre. Când ne pocăim pentru păcatele noastre, Dumnezeu dorește ca noi să nu ne rupem hainele sau să ne punem cenușă în cap, ci să ne dăm inimile și să ne pocăim pentru păcatele noastre din inimă. Acțiunea de pocăire în sine nu este importantă, iar când noi ne pocăim pentru păcate din inimă și ne întoarcem fața de la ele, Dumnezeu acceptă acea pocăință.

„Dar chiar acum, zice Domnul, întoarceți-vă la Mine cu toată inima, cu post, cu plânset și bocet! Sfâșiați-vă inimile, nu hainele, și întoarceți-vă la Domnul Dumnezeul vostru. Căci El este milostiv și plin de îndurare, îndelung răbdător și bogat în bunătate și-I pare rău de relele pe care le trimite" (Ioel 2:12-13).

Cu alte cuvinte, Dumnezeu dorește să accepte inimile răufăcătorilor și nu acțiunea de a respecta Legea în sine. Acest lucru este descris în Biblie ca fiind „tăierea inimii împrejur." Ne putem tăia împrejur trupurile, tăind prepuțul, și putem fi tăiați împrejur și în inimă.

Tăierea împrejur a inimii pe care o doreşte Dumnezeu

La ce se referă tăierea împrejur a inimii mai precis? Se referă la „tăierea şi îndepărtarea tuturor relelor, inclusiv a geloziei, a invidiei, a mâniei, a sentimentelor rele, a preacurviei, a falsităţii, a decepţiei, a judecăţii şi a condamnării din inimă." Când îţi tai păcatele şi răul din inimă şi respecţi Legea, Dumnezeu consideră acest lucru drept supunerea perfectă.

Tăiaţi-vă împrejur pentru Domnul, tăiaţi-vă împrejur inimile, oamenii lui Iuda şi locuitori ai Ierusalimului, ca nu cumva să izbucnească mânia Mea ca un foc şi să se aprindă fără să se poată stinge, din pricina răutăţii faptelor voastre! (Ieremia 4:4).

Să vă tăiaţi, dar, inima împrejur şi să nu vă mai înţepeniţi gâtul (Deuteronomul 10:16).

Pe egipteni, pe iudei, pe edomiţi, pe amoniţi, pe moabiţi, pe toţi cei ce îşi rad colţurile bărbii, pe cei ce locuiesc în pustiu; căci toate neamurile sunt netăiate împrejur, şi toată casa lui Israel are inima netăiată împrejur (Ieremia 9:26).

Domnul Dumnezeul tău îţi va tăia împrejur inima ta şi inima seminţei tale, şi vei iubi pe Domnul Dumnezeul tău din toată inima ta şi din tot sufletul tău, ca să trăieşti (Deuteronomul 30:6).

Astfel, în Vechiul Testament suntem adesea îndemnaţi să ne tăiem împrejur inimile, deoarece doar cei care au inimile tăiate împrejur îl pot iubi pe Dumnezeu din toată inima şi din tot sufletul.

Dumnezeu doreşte ca toţi copiii Săi să fie sfinţi şi perfecţi. În Geneza 17:1, Dumnezeu i-a spus lui Avram „să fie fără prihană", iar în Levitic 19:2, El a poruncit poporului lui Israel „să fie sfânt."

În Ioan 10:35, ni se spune că: *„Dacă Legea a numit „dumnezei" pe aceia cărora le-a vorbit cuvântul lui Dumnezeu – şi Scriptura nu poate fi desfiinţată –",* iar în 2 Petru 1:4, stă scris că: *„prin care El ne-a dat făgăduinţele Lui nespus de mari şi scumpe, ca prin ele să vă faceţi părtaşi firii dumnezeieşti, după ce aţi fugit de stricăciunea care este în lume prin pofte."*

În vremurile din Vechiul Testament, ei erau mântuiţi prin acţiunile de respectare a Legii, în timp ce în vremurile din Noul Testament, noi putem fi mântuiţi prin credinţa noastră în Isus Hristos, care a umplut Legea de iubire.

Mântuirea prin acţiuni, în vremurile Vechiului Testament, era posibilă când ei avea dorinţe păcătoase de a ucide, de a urî, de a comite adulter şi de a minţi, dar nu le puneau în acţiune. În vremurile Vechiului Testament, Duhul Sfânt nu locuia în ei şi ei nu puteau îndepărta aceste dorinţe păcătoase doar prin puterea lor. Aşadar, când nu comiteau păcate prin acţiuni în mod vizibil, ei nu erau considerați păcătoși.

În schimb, în vremurile din Noul Testament, noi putem fi mântuiți doar când ne tăiem împrejur inimile prin credință. Duhul Sfânt ne anunță de existența păcatului, de neprihănire și de judecată și ne ajută să trăim potrivit cuvântului lui Dumnezeu, pentru a ne putea dezbăra de neadevăruri și de naturi păcătoase și pentru a ne putea tăia împrejur inimile.

Mântuirea prin credința în Isus Hristos nu este dată doar când cineva știe și crede că Isus Hristos este mântuitorul nostru. Doar atunci când ne îndepărtăm din inimă relele, deoarece îl iubim pe Dumnezeu și umblăm în adevăr prin credință, Dumnezeu o va considera a fi credință adevărată și ne va îndruma nu numai să căutăm mântuirea, ci și să găsim calea către răspunsurile și binecuvântările minunate.

Cum să Îl mulțumim pe Dumnezeu

Este normal ca un copil al lui Dumnezeu să nu păcătuiască prin acțiunile sale. Este, de asemenea, normal ca el să îndepărteze toate neadevărurile și dorințele păcătoase din inimă și să semene cu sfințenia lui Dumnezeu. Dacă nu comiteți păcate prin acțiuni, dar aveți dorințe păcătoase în voi pe care Dumnezeu nu le dorește, nu puteți fi considerați neprihăniți de către El.

De aceea, în Matei 5:27-28 scrie că: „*Ați auzit că s-a zis celor din vechime: „Să nu preacurvești." Dar Eu vă spun că oricine se uită la o femeie ca s-o poftească, a și preacurvit cu*

ea în inima lui."
Iar în 1 Ioan 3:15 se spune că: *„Oricine urăşte pe fratele său este un ucigaş; şi ştiţi că niciun ucigaş n-are viaţa veşnică rămânând în el."* Acest verset ne îndeamnă să alungăm ura din inimă.

Cum trebuie să acţionăm faţă de duşmanii care ne urăsc, potrivit voinţei lui Dumneueu?

Legea din vremurile din Vechiul Testament ne spune: „Ochi pentru ochi [şi] dinte pentru dinte." Cu alte cuvinte, Legea spune că: *„să i se facă aceeaşi rană pe care a făcut-o el aproapelui său"* (Leviticul 24:20). Acest lucru era prevăzut pentru a evita rănirea aproapelui tău, prin reguli stricte, deoarece Dumnezeu ştie că oamenii, în răutatea lor, încearcă să se răzbune mai mult decât le-a fost făcut rău.

Împăratul David a fost o persoană după inima lui Dumnezeu. Când Împăratul Saul a încercat să-l ucidă, David nu a întors răul relelor Împăratului Saul, ci l-a tratat cu bunătate până în ultimul moment. David a observat adevăratul înţeles al Legii şi a trăit astfel doar după cuvântul lui Dumnezeu.

Să nu te răzbuni şi să nu ţii necaz pe copiii poporului tău. Să iubeşti pe aproapele tău ca pe tine însuţi. Eu sunt Domnul (Leviticul 19:18).

Nu te bucura de căderea vrăjmaşului tău şi să nu ţi

se înveselească inima când se poticnește el (Proverbe 24:17).

Dacă este flămând vrăjmașul tău, dă-i pâine să mănânce, dacă-i este sete, dă-i apă să bea (Proverbe 25:21).

Ați auzit că s-a zis: „Să iubești pe aproapele tău și să urăști pe vrăjmașul tău." Dar Eu vă spun: iubiți pe vrăjmașii voștri, binecuvântați pe cei ce vă blestemă, faceți bine celor ce vă urăsc și rugați-vă pentru cei ce vă asupresc și vă prigonesc (Matei 5:43-44).

Potrivit versetelor de mai sus, dacă respecți Legea, dar nu ierți o persoană care îți face necazuri, Dumnezeu nu este mulțumit de tine. Acest lucru se întâmplă deoarece Dumnezeu ne-a învățat să ne iubim vrăjmașii. Când respectați Legea și când o faceți cu inima pe care o vrea Dumnezeu, veți respecta în totalitate cuvântul lui Dumnezeu.

Legea, un semn al iubirii lui Dumnezeu

Dumnezeul iubirii dorește să ne dea binecuvântări veșnice, dar deoarece El este Dumnezeul dreptății, El nu are de ales decât să ne dea diavolului când păcătuim. De aceea, unii credincioși suferă de boli și au accidente și dezastre când nu trăiesc după cuvântul lui Dumnezeu.

Dumnezeu ne-a dat multe porunci în iubirea Sa de a ne proteja de aceste încercări și dureri. Câte instrucțiuni nu le dau părinții copiilor lor pentru a-i proteja de boli și accidente?

„Spală-te pe mâini când intri în casă!"
„Spală-te pe dinți după ce mănânci!"
„Ai grijă când treci strada!"

La fel, Dumnezeu ne-a cerut să-I respectăm poruncile în același mod în care ne-a cerut să-I păzim poruncile și legile pentru a fi fericiți (Deuteronomul 10:13). Păstrarea și exersarea cuvântului lui Dumnezeu este ca o lampă în călătoria vieții. Indiferent de cât este de întuneric, putem merge în siguranță spre destinație cu această lampă, iar Dumnezeu, care este lumină, este cu noi, iar noi suntem astfel protejați și ne bucurăm de privilegiul și de binecuvântarea de a fi copiii lui Dumnezeu.

Cât de mulțumit este Dumnezeu când își protejează copiii care I se supun cuvântului cu ochii înflăcărați și cărora le dă tot ceea ce ei cer! La fel, acei copii își pot schimba inimile în inimi bune și pot semăna cu Dumnezeu atâta timp cât se supun cuvântului Acestuia și simt adâncimile iubirii sale și astfel Îl pot iubi chiar mai mult.

Așadar, Legea pe care Dumnezeu ne-a dat-o este ca un manual al iubirii care ne prezintă îndrumarea pentru binecuvântări. Legea pe care ne-a dat-o Dumnezeu nu ne împovărează, ci ne protejează de toate tipurile de dezastre din această lume în care domnesc dușmanul Satana și diavolul și ne îndreaptă spre calea binecuvântării.

Isus a îndeplinit Legea cu iubire

În Deuteronomul 19:19-21, ni se spune că, în vremurile din Vechiul Testament când oamenii păcătuiau cu ochii, acestora trebuiau să le fie scoși ochii. Când păcătuiau cu mâinile sau picioarele, acestea trebuiau tăiate. Când ucideau sau preacurveau, aceștia erau omorâți cu pietre.

Legea tărâmului duhovnicesc ne spune că rezultatul păcatelor noastre este moartea. De aceea Dumnezeu i-a pedepsit foarte serios pe cei care au comis păcate impardonabile și astfel a dorit să ne avertizeze să nu comitem aceleași păcate.

Dar Dumnezeul iubirii nu a fost în totalitate mulțumit de credința cu care se respecta Legea și a spus: „Ochi pentru ochi și dinte pentru dinte." El a accentuat mereu în Vechiul Testament faptul că oamenii trebuiau să-și taie împrejur inima. Nu dorea ca poporul Său să simtă dureri datorită Legii, așadar, când a venit vremea, L-a trimis pe Isus pe pământ și L-a lăsat pe El să ia asupra sa toate păcatele umanității și să îndeplinească Legea cu iubire.

Fără răstignirea lui Isus, mâinile și picioarele noastre ar fi tăiate când păcătuim cu mâinile și picioarele. Dar Isus a stat pe cruce și Și-a vărsat sângele prețios prin răstignirea mâinilor și a picioarelor Sale pentru a spăla toate păcatele noastre pe care le-am comis cu mâinile și picioarele. Acum nu mai trebuie să ne tăiem mâinile și picioarele datorită marii iubirii a lui Dumnezeu.

Isus, care este unul cu Dumnezeul iubirii, a venit pe pământ și a îndeplinit Legea cu iubire. Isus a trăit o viață exemplară respectând toate legile lui Dumnezeu. Chiar dacă a respectat cu sfințenie Legea, totuși, El nu i-a condamnat pe cei care nu au respectat-o spunând: „Nu ați respectat Legea și sunteți pe calea spre moarte", ci i-a învățat pe oameni adevărul zi și noapte pentru ca fiecare suflet să se pocăiască și să caute mântuirea; fără încetare, El a lucrat, a lecuit și a eliberat sufletele celor care erau înlănțuiți de boli, infirmități și posedați de diavol.

Iubirea lui Isus a fost exprimată în mod extraordinar când o femeie, prinsă în timp ce preacurvea, a fost luată și adusă la Isus de către cărturari și farisei. În capitolul 8 al Evangheliei după Ioan, cărturarii și fariseii au adus femeia în fața Sa și L-au întrebat spunând: *„Moise, în Lege, ne-a poruncit să ucidem cu pietre pe astfel de femei: Tu, dar, ce zici?"* (v. 5). Isus le-a răspuns, zicând: *„Cine dintre voi este fără păcat să arunce cel dintâi cu piatra în ea"* (v. 7).

Punând această întrebare, El a dorit să îi trezească și să le spună că nu doar femeia, ci și chiar ei, care o acuzau de preacurvie și încercau să găsească motive pentru a-L acuza și pe Isus, erau aceiași păcătoși înaintea lui Dumnezeu și că nimeni nu poate să-l condamne pe celălalt. Când oamenii au auzit aceste lucruri, s-au simțit mustrați de cugetul lor și au ieșit unul câte unul, începând de la cei mai bătrâni, până la cei din urmă. Şi Isus a rămas singur cu femeia, care stătea în mijloc.

Când Isus n-a mai văzut pe nimeni decât pe femeie, i-a zis: *"Femeie, unde sunt pârâşii tăi? Nimeni nu te-a osândit"* (v. 10). *"Nimeni, Doamne"*, I-a răspuns ea. Şi Isus i-a zis: *"Nici Eu nu te osândesc. Du-te şi să nu mai păcătuieşti"* (v. 11).

Când păcatul de neiertat al femeii a fost descoperit, ea s-a simţit copleşită de frică. Iar când Isus a iertat-o, vă puteţi imagina câte lacrimi de emoţie şi mulţumire a vărsat! Ori de câte ori îşi amintea de iertarea şi iubirea lui Isus, nu mai îndrăznea să încalce Legea sau să păcătuiască din nou. Acest lucru a fost posibil deoarece ea L-a întâlnit pe Isus, care a îndeplinit Legea cu iubire.

Isus a îndeplinit Legea cu iubire pentru această femeie, dar şi pentru toţi oamenii. El nu Şi-a precupeţit viaţa deloc şi şi-a dat viaţa pentru noi, păcătoşii, pe cruce, având inima părinţilor care nu-şi precupeţesc vieţile pentru a-şi salva copiii de la înec.

Isus a fost neprihănit şi fără pată şi singurul Fiu al lui Dumnezeu, dar El a purtat toate durerile care nu pot fi descrise, Şi-a vărsat sângele şi viaţa pe cruce pentru păcătoşi. Răstignirea Sa a fost cel mai înduioşător moment de realizare a celei mai mari iubiri din toată istoria omenirii.

Când puterea iubirii Sale se pogoară asupra noastră, noi primim puterea de a menţine Legea şi o putem îndeplini cu iubire aşa cum a făcut şi Isus.

Dacă Isus nu ar fi îndeplinit Legea cu iubire, ci ne-ar fi judecat și condamnat prin Lege și și-ar fi întors ochii de la păcătoși, câți oameni ar fi putut fi mântuiți? Așa cum este scris în Biblie: *"Nu este niciun om neprihănit, niciunul măcar"* (Romani 3:10), nimeni nu poate fi mântuit.

Așadar, copiii lui Dumnezeu, care au fost iertați de păcate prin marea iubire a lui Dumnezeu, trebuie nu doar să-L iubească respectându-i poruncile cu o inimă umilă, ci să-și iubească și vecinii ca pe ei înșiși și să-i ierte.

Cei care îi judecă și îi condamnă pe alții potrivit Legii

Isus a îndeplinit Legea cu iubire și a devenit mântuitorul întregii omeniri, dar ce au făcut fariseii, cărturarii și învățătorii Legii? Ei au insistat asupra respectării Legii prin acțiuni, și nu prin sfințirea inimii lor așa cum a dorit Dumnezeu. Pe lângă aceasta, ei nu i-au iertat pe cei care nu au respectat Legea, ci i-au judecat și i-au condamnat.

Dar Dumnezeul nostru nu a dorit să ne judece niciodată și să ne condamne fără milă și iubire. Nici nu dorește ca noi să ne chinuim pentru a respecta Legea, fără să experimentăm iubirea lui Dumnezeu. Dacă respectăm Legea, dar nu înțelegem inima lui Dumnezeu, nu are niciun rost.

Și chiar dacă aș avea darul prorociei și aș cunoaște

toate tainele şi toată ştiinţa; chiar dacă aş avea toată credinţa, aşa încât să mut şi munţii, şi n-aş avea dragoste, nu sunt nimic. Şi chiar dacă mi-aş împărţi toată averea pentru hrana săracilor, chiar dacă mi-aş da trupul să fie ars, şi n-aş avea dragoste, nu-mi foloseşte la nimic (1 Corinteni 13:2-3).

Dumnezeu este iubire şi El se bucură şi ne binecuvântează când ne comportăm cu iubire. Pe vremea lui Isus, fariseii nu aveau iubire în suflete când respectau Legea prin acţiuni şi asta nu îi ajuta cu nimic. Ei judecau şi îi condamnau pe alţii cu cunoştinţa Legii şi asta îi făcea să stea departe de Dumnezeu şi a dus la răstignirea Fiului lui Dumnezeu.

Când înţelegeţi adevărata voinţă a lui Dumnezeu înscrisă în lege

Chiar şi în vremurile din Vechiul Testament, au existat părinţi ai credinţei, care au înţeles adevărata voinţă a lui Dumnezeu în Lege. Părinţii credinţei, Avraam, Iosif, Moise, David şi Ilie, nu doar au respectat Legea, ci au încercat din răsputeri să devină adevăraţi copii ai lui Dumnezeu, tăindu-şi împrejur inimile.

Cu toate acestea, când Isus a fost trimis ca Mesia de către Dumnezeu pentru a le spune evreilor despre Dumnezeul lui Avraam, al lui Isaac şi al lui Iacob, ei nu au reuşit să-L recunoască. Acest lucru s-a datorat faptului că ei erau orbiţi de către tradiţia bătrânilor şi de acţiunile de a respecta Legea.

Pentru a mărturisi că El este Fiul lui Dumnezeu, Isus a înfăptuit multe minuni și semne miraculoase care au fost posibile doar cu puterea lui Dumnezeu. Dar ei tot nu L-au putut recunoaște ca fiind Mesia.

Dar a fost altfel pentru acei evrei care au avut inimi bune. Când au ascultat mesajele lui Isus, ei au crezut în El și când au văzut semnele miraculoase pe care El le-a înfăptuit, ei au crezut că Dumnezeu era cu El. În cel de-al treilea capitol al Evangheliei după Ioan, un fariseu numit „Nicodim" a venit la Isus într-o noapte și i-a spus următoarele.

> *Învățătorule, știm că ești un Învățător venit de la Dumnezeu; căci nimeni nu poate face semnele pe care le faci Tu, dacă nu este Dumnezeu cu el* (Ioan 3:2).

Dumnezeul iubirii **așteaptă revenirea poporului lui Israel**

Atunci, de ce majoritatea evreilor nu a putut să-L recunoască pe Isus, care a venit pe pământ ca Mântuitor? Ei își formaseră propriile idei crezând că Îl iubesc și Îl slujesc pe Dumnezeu și nu doreau să accepte lucruri care erau diferite de ideile lor.

Până când nu L-a întâlnit pe Domnul Isus, Pavel credea cu tărie faptul că pentru a respecta cu strictețe Legea și tradiția bătrânilor însemna să-L iubești și să-L slujești pe Dumnezeu. De aceea nu L-a acceptat pe Isus ca Mântuitorul său, ci L-a persecutat pe el şi pe credincioşii săi. După ce L-a cunoscut pe Domnul Isus pe drumul spre Damasc, ideile sale au fost rupte în bucăţi şi a devenit apostolul Domnului Isus Hristos. Din acel moment, urma să-şi dea viaţa pentru Domnul.

Această dorinţă de a păstra Legea este fiinţa interioară a evreilor şi punctul forte al poporului ales de Dumnezeu, Israel. Astfel, de îndată ce şi-au dat seama că voinţa adevărată a lui Dumnezeu se găseşte în Lege, ei L-au iubit pe Dumnezeu mai mult decât orice alt popor sau seminţie şi I-au fost credincioşi cu vieţile lor.

Când Dumnezeu i-a condus pe evrei afară din Egipt, El le-a dat toate legile şi poruncile prin Moise şi le-a spus ceea ce dorea ca ei să facă. Le-a promis că, dacă îl iubesc pe Dumnezeu, dacă îşi taie împrejur inimile şi trăiesc potrivit voinţei Sale, El va fi cu ei şi le va da minunate binecuvântări.

Dacă te vei întoarce la Domnul Dumnezeul tău şi dacă vei asculta de glasul Lui din toată inima ta şi din tot sufletul tău, tu şi copiii tăi, potrivit cu tot ce-ţi poruncesc azi, atunci Domnul Dumnezeul tău va aduce înapoi robii tăi şi va avea milă de tine, te va strânge iarăşi din mijlocul tuturor popoarelor la care te va împrăştia Domnul Dumnezeul tău. Chiar dacă ai fi risipit până la cealaltă margine a cerului, chiar şi de acolo te va strânge Domnul Dumnezeul tău şi acolo Se va duce să te caute. Domnul Dumnezeul tău te va aduce în țara pe care o stăpâneau părinții tăi și o vei stăpâni; îți va face bine și te va înmulți mai mult decât pe părinții tăi. Domnul Dumnezeul tău îți va tăia împrejur inima ta și inima seminței tale, și vei iubi pe Domnul Dumnezeul tău din toată inima ta și din tot sufletul tău, ca să trăiești. Domnul Dumnezeul tău va face ca toate aceste blesteme să cadă peste vrăjmașii tăi, peste cei ce te vor urî și te vor prigoni. Și tu te vei întoarce la Domnul, vei asculta de glasul Lui și vei împlini toate aceste porunci pe care ți le dau astăzi (Deuteronomul 30:2-8).

Așa cum Dumnezeu i-a promis poporului Său în aceste versete, El Și-a adunat poporul care era împrăștiat prin lume și l-a dus înapoi în țara sa într-o mie de ani și l-a poziționat deasupra tuturor neamurilor din lume. Totuși, Israelul nu a reușit să realizeze marea iubire a lui Dumnezeu prin răstignire și minunata sa providență de a crea și a cultiva omenirea, ci încă respectă acțiunile de a respecta Legea și tradiția bătrânilor.

Dumnezeul iubirii Își dorește și așteaptă cu nerăbdare ca ei să își abandoineze credințele neînțelese și să devină copii adevărați cât mai repede posibil. În primul rând, ei trebuie să-și deschidă inimile și să-L accepte pe Isus care a fost trimis de Dumnezeu ca Mântuitorul omenirii și să primească iertarea păcatelor. Apoi, ei trebuie să realizeze adevărata voință a lui Dumnezeu dată prin Lege prin tăierea împrejur a inimilor lor pentru a reuși să ajungă la mântuirea totală.

Mă rog ca Israelul să-şi restaureze imaginea lui Dumnezeu prin credinţa care Îi place lui Dumnezeu şi să devină copiii Săi adevăraţi pentru a se bucura de toate binecuvântările pe care li le-a promis Dumnezeu şi să locuiască în slava cerurilor veşnice.

Domul Stâncii, o moschee islamică amplasată în orașul pierdut al Ierusalimului

Capitolul 4
Priviți și ascultați!

Spre zilele din urmă

Biblia ne povestește clar atât începutul istoriei omenirii, cât și sfârșitul său. Timp de câteva mii de ani, Dumnezeu ne-a spus prin Biblie despre istoria Sa a cultivării umane. Istoria a început cu primul om de pe pământ, Adam, și se va încheia cu cea de-a doua Venire a Domnului prin văzduh.

Potrivit ceasului lui Dumnezeu al istoriei cultivării omenriii, cât este ora acum și câte zile și ore mai rămân până când ceasul va bate ultimele secunde ale cultivării umane? Să vedem cum a plănuit Dumnezeul iubirii să conducă poporul lui Israel pe calea mântuirii.

Îndeplinirea prorocirilor din Biblie de-a lungul istoriei

Există multe prorociri în Biblie, iar toate reprezintă cuvintele Atotputernicului Dumnezeu, Creatorul. După cum se spune în Isaia 55:11: *„tot așa și cuvântul Meu, care iese din gura Mea, nu se întoarce la Mine fără rod, ci va face voia Mea și va împlini planurile Mele",* cuvintele lui Dumnezeu au fost îndeplinite cu precizie până acum și fiecare cuvânt se va îndeplini.

Istoria lui Israel confirmă, cu siguranță, faptul că prorocirile din Biblie au fost îndeplinite cu exactitate, fără cea mai mică eroare. Istoria Israelului a fost realizată doar după prorocirile înregistrate în Biblie: cei 400 de ani de robie în Egipt şi Exodul poporului lui Israel; intrarea acestuia pe tărâmul Canaan unde curge lapte şi miere; împărţirea împărăţiei în două – Israel şi Iuda – şi distrugerea lor; Robia babiloniană; reîntoarcerea acasă a poporului lui Israel; naşterea Mesiei, răstignirea Mesiei; distrugerea Israelului şi împrăştierea poporului în toate neamurile şi redevenirea Israelului ca naţiune independentă.

Istoria umanităţii este controlată de Dumnezeu Atotputernicul, şi ori de câte ori El a îndeplinit ceva important, El şi-a descoperit taina slujitorilor săi proroci (Amos 3:7). Dumnezeu şi-a descoperit taina lui Noe, un om neprihănit în vremea sa, că Potopul va distruge întregul pământ. El i-a spus lui Avraam că oraşele Sodoma şi Gomora vor fi distruse şi le-a spus Prorocului Daniel şi Apostolului Ioan ce se va întâmpla când va veni sfârşitul lumii.

Majoritatea acestor prorociri scrise în Biblie s-au îndeplinit cu exactitate, iar prorocirile care trebuie să se mai îndeplinească reprezintă cea de-a Doua Venire a Domnului şi cele câteva lucruri care o vor precede.

Semnele zilelor din urmă

Astăzi, indiferent de cât de serios explicăm că acum va veni sfârşitul lumii, mulţi nu vor să o creadă. În loc să accepte acest lucru, ei consideră că cei care vorbesc despre sfârşitul lumii sunt ciudaţi şi încearcă să nu îi asculte. Ei consideră că soarele va răsări și va apune, oamenii se vor naște și vor muri, iar civilizația va continua ca în trecut.

Biblia prezintă aceste lucruri referitoare la zilele din urmă: *Înainte de toate, să știți că în zilele din urmă vor veni batjocoritori plini de batjocuri, care vor trăi după poftele lor și vor zice: „Unde este făgăduința venirii Lui? Căci, de când au adormit părinții noștri, toate rămân așa cum erau de la începutul zidirii!"* (2 Petru 3:3-4).

Ori de câte ori se naște o persoană, acea persoană va și muri. În același fel, așa cum a existat un început, istoria omenirii are și un sfârșit. Când va veni vremea stabilită de Dumnezeu, toate aceste lucruri pământești se vor sfârși.

În vremea aceea se va scula marele voievod Mihail, ocrotitorul copiilor poporului tău; căci aceasta va fi o vreme de strâmtorare cum n-a mai fost de când sunt neamurile și până la vremea aceasta. Dar în vremea aceea, poporul tău va fi mântuit, și anume oricine va fi găsit scris în carte. Mulți din cei ce dorm în țărâna pământului se vor scula: unii pentru viața veșnică, și alții pentru ocară și rușine veșnică. Cei înțelepți vor străluci ca strălucirea cerului, și cei ce vor învăța pe mulți să umble în neprihănire vor străluci ca stelele, în veac și în veci de veci. Tu însă, Daniele, ține ascunse aceste cuvinte și pecetluiește cartea până la vremea sfârșitului. Atunci mulți o vor citi, și cunoștința va crește" (Daniel 12:1-4).

Prin prorocul Daniel, Dumnezeu ne-a spus ce se va întâmpla în zilele din urmă. Unii spun că prorocirile date prin Daniel s-au îndeplinit deja în trecut. Dar această prorocire va fi pe deplin îndeplinită în ultimul moment al istoriei omenirii și se potrivește perfect cu semnele din ultimele zile prezentate în Noul Testament.

Această prorocire a lui Daniel este asociată celei de-A Doua Veniri a Domnului. Versetul 1 care spune: *„căci aceasta va fi o vreme de strâmtorare cum n-a mai fost de când sunt neamurile și până la vremea aceasta. Dar în vremea aceea, poporul tău va fi mântuit, și anume oricine va fi găsit scris în carte"*, ne explică despre Cei Șapte Ani ai Marelui Necaz, care vor avea loc în zilele din urmă.

Cea de-a doua parte a Versetului 4, care spune: *„Atunci mulți o vor citi, și cunoștința va crește"*, explică viețile zilnice care sunt trăite de către oamenii de azi. În concluzie, aceste proroci ale lui Daniel nu se referă la distrugerea poporului lui Israel care a avut loc în anul 70 d.Hr., ci la semnele zilelor din urmă.

Isus le-a vorbit ucenicilor despre semnele zilelor din urmă în detaliu. În Matei 24, El le-a zis: *„Veți auzi de războaie și vești de războaie. Un neam se va scula împotriva altui neam, și o împărăție împotriva altei împărății; și, pe alocuri, vor fi cutremure de pământ, foamete și ciume. Se vor scula* *mulți proroci mincinoși și vor înșela pe mulți. Și, din pricina înmulțirii fărădelegii, dragostea celor mai mulți se va răci."*

Cum este astăzi situația în lume? Aflăm vești despre războaie și terorismul crește pe zi ce trece. Neamurile luptă unul contra celuilalt și împărățiile se ridică una împotriva alteia. E foamete și sunt cutremure. Există multe alte dezastre naturale, precum și dezastre cauzate de schimbările de vreme. În plus, fărădelegea crește tot mai mult pe tot globul, păcatele și relele preiau contrpolul în lume, iar dragostea multora se răcește.

Același lucru stă scris și în A Doua Epistolă a lui Timotei.

Să știi că în zilele din urmă vor fi vremuri grele.

Căci oamenii vor fi iubitori de sine, iubitori de bani, lăudăroși, trufași, hulitori, neascultători de părinți, nemulțumitori, fără evlavie, fără dragoste firească, neînduplecați, clevetitori, neînfrânați, neîmblânziți, neiubitori de bine, vânzători, obraznici, îngâmfați; iubitori mai mult de plăceri decât iubitori de Dumnezeu; având doar o formă de evlavie, dar tăgăduindu-i puterea. Depărtează-te de oamenii aceștia (2 Timotei 3:1-5).

Astăzi oamenilor nu le plac lucrurile bune, ci iubesc banii și plăcerile. Caută propriile lor beneficii și comit păcate oribile, inclusiv crima și incendierea, fără ezitare sau discernământ. Aceste lucruri se întâmplă tot mai des, iar inimile oamenilor din jurul nostru au devenit tot mai reci, încât nimic nu le mai surprinde. Văzând aceste lucruri, nu putem nega faptul că cursul istoriei umane nu se îndreaptă spre zilele din urmă.

Chiar și istoria poporului lui Israel ne indică semne care arată a Doua Venire a Domnului și zilele din urmă.

Matei 24:32-33 spune următoarele: *„De la smochin învățați pilda lui: când îi frăgezește și înfrunzește mlădița, știți că vara este aproape. Tot așa, și voi, când veți vedea toate aceste lucruri, să știți că Fiul omului este aproape, este chiar la uși."*

„Smochinul" se referă aici la Israel. Un copac pare mort iarna, dar când vine primăvara, înfrunzește din nou. La fel, de la distrugerea statului Israel, care a avut loc în anul 70 d.Hr., acesta a dispărut timp de două mii de ani, dar când a venit momentul ales de Domnul, și-a declarat independența, iar Statul Israel a fost proclamat în 14 mai 1948.

Ceea ce este mai important este faptul că independența statului Israel indică faptul că cea de-a Doua Venire a lui Isus Hristos este foarte aproape. Așadar, Israelul ar trebui să-și dea seama că Mesia, pe care încă Îl așteaptă, a venit pe pământ pentru a mântui omenirea acum 2.000 de ani și să-și aminetască că Mântuitorul Isus va veni pe pământ ca Judecător mai devreme sau mai târziu.

Ce se va întâmpla, deci, cu noi, care trăim în ultimele zile potrivit prorocirilor din Biblie?

Venirea Domnului prin văzduh și Răpirea

Acum 2.000 de ani când Isus a fost răstignit și s-a ridicat la ceruri în a treia zi călcând pe moarte, mulți oameni au fost martori la această ridicare la ceruri.

„Bărbați galileeni, de ce stați și vă uitați spre cer? Acest Isus, care S-a înălțat la cer din mijlocul vostru, va veni în același fel cum L-ați văzut mergând la cer" (Faptele apostolilor 1:11).

Domnul Isus a deschis calea spre mântuire pentru omenire prin răstignirea și învierea Sa și a fost ridicat la ceruri și stă la dreapta scaunului de domnie a lui Dumnezeu și pregătește locașuri duhovnicești pentru cei care au fost mântuiți. Iar când istoria omenirii se va încheia, El va veni din nou să ne ducă acolo. Cea de-a Doua Sa Venire este bine descrisă în 1 Tesaloniceni 4:16-17.

Căci însuși Domnul, cu un strigăt, cu glasul unui arhanghel și cu trâmbița lui Dumnezeu, Se va coborî din cer, și întâi vor învia cei morți în Hristos. Apoi, noi cei vii, care vom fi rămas, vom fi răpiți toți împreună cu ei în nori, ca să întâmpinăm pe Domnul în văzduh; și astfel vom fi totdeauna cu Domnul.

Ce scenă magnifică va fi când Domnul va veni prin văzduh în

norii gloriei, însoțit de nenumărați îngeri și gazde duhovnicești! Cei care au fost mântuiți se vor întrupa în trupurile duhovnicești nepieritoare și se vor întâlni cu Domnul în văzduh și vor sărbători Ospățul de Nuntă de Șapte ani, împreună cu Domnul, Soțul nostru etern.

Cei care au fost mântuiți vor fi ridicați în văzduh și se vor întâlni cu Domnul, ceea ce se numește „răpire." Împărăția văzduhului se referă la o parte din cel de-al doilea cer pe care Dumnezeu l-a pregătit pentru Ospățul de Nuntă de Șapte ani.

Dumnezeu a împărțit tărâmul duhovnicesc în mai multe spații, iar unul dintre ele este cel de-al doilea cer. Cel de-al doilea cer este împărțit din nou în două zone – Edenul, care este lumea luminii și lumea întunericului. Într-o parte din lumea luminii este un spațiu special pregătit pentru Ospățul de Nuntă de Șapte ani.

Cei care s-au îmbogățit cu credință pentru a atinge mântuirea în această lume plină de păcate și de rele vor fi ridicați în văzduh ca soțiile Domnului, iar apoi se vor întâlni cu Domnul și se vor bucura de Ospățul de Nuntă care va dura timp de șapte ani.

Să ne bucurăm, să ne înveselim și să-I dăm slavă!
Căci a venit nunta Mielului; soția Lui s-a pregătit
și i s-a dat să se îmbrace cu in subțire, strălucitor
și curat (Inul subțire sunt faptele neprihănite ale
sfinților). Apoi mi-a zis: „Scrie: Ferice de cei chemați
la ospățul nunții Mielului!" Apoi mi-a zis: „Acestea
sunt adevăratele cuvinte ale lui Dumnezeu!"

(Apocalipsa 19:7-9).

Cei care vor fi ridicați în văzduh vor fi alinați de trecerea prin această lume cu credință în timpul Ospățului cu Domnul, în timp ce cei care nu vor fi ridicați vor suferi teribil datorită duhurilor rele care apar pe pământ la A Doua Venire a Domnului prin văzduh.

Cei Şapte Ani ai Marelui Necaz

În timp ce cei care au fost mântuiți se bucură de Ospățul de Nuntă în văzduh și visează la cerurile fericite și veșnice, cele mai mari necazuri vor acoperi întregul pământ și se vor întâmpla lucruri oribile.

Cum vor începe cei șapte ani de mare necaz? De la venirea Domnului nostru prin văzduh și de la ridicarea multor oameni în văzduh, cei care vor rămâne pe pământ vor fi loviți de panică și șocați de dispariția bruscă a familiei, a prietenilor și a vecinilor și vor hălădui în căutarea lor.

În curând, își vor da seama că Răpirea de care vorbeau creștinii s-a întâmplat cu adevărat. Se vor simți oribil la gândul celor șapte ani de mare necaz care îi vor aștepta. Vor fi copleșiți de neliniște și de panică. Iar când piloții avioanelor, conductorii trenurilor și șoferii altor vehicule vor fi ridicați în văzduh, vor avea loc accidente în trafic și incendii, clădirile se vor prăbuși, iar lumea va fi plină de haos și de dezordine.

În acest moment, va apărea o persoană care va aduce pacea și ordinea în lume. El este conducătorul Uniunii Europene. El va pune forțele organizațiilor politice, economice și militare la un loc, și cu puterea unită, va păstra ordinea în lume și va aduce pacea și stabilitatea în societăți. De aceea, mulți se vor bucura de apariția sa pe scena lumii. Mulți îl vor întâmpina cu entuziasm, îl vor susține cu loialitate și îl vor ajuta.

El va fi Antihristul, la care se referă Biblia, și va conduce cei șapte ani de mari încercări, dar în acel moment va părea „un mesager al păcii." În realitate, Antihristul va aduce pacea și ordinea pentru oameni la începutul celor șapte ani. Instrumentul pe care îl va utiliza pentru a obține ordinea mondială este semnul fiarei, „666", după cum este prezentat în Biblie.

> *Și a făcut ca toți, mici și mari, bogați și săraci, slobozi și robi, să primească un semn pe mâna dreaptă sau pe frunte și nimeni să nu poată cumpăra sau vinde fără să aibă semnul acesta, adică numele fiarei sau numărul numelui ei. Aici e înțelepciunea.*
> *Cine are pricepere să socotească numărul fiarei.*
> *Căci este un număr de om. Și numărul ei este șase sute șaizeci și șase* (Apocalipsa 13:16-18).

Ce înseamnă semnul fiarei?

Fiara se referă la un calculator. Uniunea Europeană (UE) va crea organizații folosindu-se de calculatoare. Prin calculatoarele

UE, fiecare persoană va primi un cod de bare pe mâna stângă sau pe frunte. Codul de bare este semnul fiarei. Toată informația personală a fiecărui individ va fi pusă într-un cod de bare, iar acesta va fi introdus în trupul său. Cu acest cod introdus în trup, UE va putea să monitorizeze, să inspecteze și să controleze fiecare persoană în detaliu oriunde s-ar afla aceasta.

Cardurile noastre de credit și buletinele noastre actuale vor fi înocuite de către semnul fiarei, „666." Apoi, oamenii nu vor mai avea nevoie de bani sau de cecuri. Nu își vor mai face probleme în legătură cu pierderea lucrurilor sau a banilor lor. Aceasta va face ca semnul fiarei, „666", să se întindă în toată lumea într-un timp scurt, iar fără acest semn, nimeni nu va mai putea fi identificat și nimeni nu va mai putea vinde sau cumpăra nimic.

De la începutul celor șapte ani de mari necazuri, oamenii vor primi semnul fiarei, dar nu vor fi forțați să-l primească. Li se va recomanda să facă acest lucru până când organizarea UE va fi bine stabilită. De îndată ce prima jumătate a perioadei de șapte ani se va fi terminat, iar organizația va deveni stabilă, UE va forța pe toată lumea să primească semnul și nu-i va ierta pe cei care vor refuza să-l accepte. Așadar, UE va lega oamenii prin semnul fiarei și îi va conduce așa cum va dori.

La sfârșit, majoritatea oamenilor care va rămâne pe perioada celor șapte ani, va fi controlată de către Antichrist și de către fiară. Deoarece Antihristul va fi controlat de către dușmanul diavol, UE va face ca oamenii să se opună lui Dumnezeu și îi va

Priviți și ascultați!

duce pe calea răului, a păcatelor şi a distrugerii.

Dar unii oameni nu se vor supune conducerii Antihristului. Aceştia sunt cei care au crezut în Isus Hristos, dar nu s-au ridicat în văzduh la cea de-a doua venire, deoarece nu au avut credinţă adevărată.

Unii dintre ei L-au acceptat odată pe Domnul şi au trăit în slava lui Dumnezeu, dar mai târziu au pierdut această slavă şi s-au întors în lume, alţii şi-au mărturisit credinţa în Isus şi au mers la biserică, dar au trăit în plăcerile lumeşti deoarece nu au reuşit să posede credinţă duhovnicească. Sunt şi alţii care L-au acceptat nu de mult pe Domnul Isus Hristos şi unii evrei care s-au trezit din somnul lor duhovnicesc datorită Răpirii.

Când au văzut Răpirea cu adevărat, ei şi-au dat seama că toate cuvintele din cele două testamente au fost adevărate şi vor începe să se lamenteze. Vor fi cuprinşi de o teamă enormă, se vor pocăi pentru că nu au trăit potrivit cuvântului lui Dumneueu şi vor încerca să găsească o modalitate de a primi mântuirea.

Apoi a urmat un alt înger, al treilea, şi a zis cu glas tare: „Dacă se închină cineva fiarei şi icoanei ei şi primeşte semnul ei pe frunte sau pe mână, va bea şi el din vinul mâniei lui Dumnezeu, turnat neamestecat în paharul mâniei Lui; şi va fi chinuit în foc şi în pucioasă, înaintea sfinţilor îngeri şi înaintea Mielului. Şi fumul chinului lor se suie în sus în vecii vecilor. Şi nici ziua, nici noaptea n-au odihnă cei ce se închină fiarei și icoanei ei și oricine primește semnul numelui ei! Aici este răbdarea sfinților, care păzesc poruncile lui Dumnezeu și credința lui Isus" (Apocalipsa 14:9-12).

Persoana care primește semnul fiarei este forțată să devină obedientă față de Antichrist, care se opune lui Dumnezeu. De aceea, Biblia accentuează faptul că cei care primesc semnul fiarei nu mai pot primi mântuirea. În timpul Marelui Necaz, cei care cunosc acest lucru, vor face tot ce le stă în putință pentru a nu primi semnul fiarei pentru a demonstra că au credință.

Identitatea Antihristului va fi revelată în mod clar. El va considera drept elemente impure ale societății pe cei care se vor opune politicii sale și vor refiuza să primească semnul și îi va extermina pentru a menține pacea socială. Îi va forța să se lepede de Isus Hristos și să primească semnul fiarei. Dacă rezistă, vor urma persecuții severe și martiriile lor.

Mântuirea prin martiriu pentru că nu au primit semnul fiarei

Greutățile pentru cei care rezistă și nu primesc semnul fiarei în timpul celor șapte ani sunt extrem de dure. Greutățile sunt prea greu de îndurat, așadar, vor exista prea puține persoane care le vor face față și care vor beneficia de ultima oportunitate pentru a fi mântuiți. Unii dintre ei vor spune: „Nu îmi pierd credința în Domnul. Încă cred în El din toată inima. Greutățile sunt atât de apăsătoare încât mă lepăd de Domnul doar cu gura. Dumnezeu mă va înțelege și mă va mântui", iar apoi vor primi semnul fiarei. Dar mântuirea lor nu poate fi dată în aceste condiții.

Acum câțiva ani, pe când mă rugam, Dumnezeu mi i-a arătat într-o viziune pe cei care în timpul Marelui Necaz au rezistat, nu au primit semnul fiarei și au fost chinuiți. Ce scenă oribilă! Persecutorii îi jupuiau de vii, le rupeau articulațiile corpului, le tăiau degetele, mâinile și picioarele și le turnau ulei încins pe trup.

În timpul celui de-Al Doilea Război Mondial, au avut loc crime oribile, făcându-se experiențe pe trupurile încă în viață. Nenorocirile nu se pot compara cu cele din Cei Șapte Ani ai Marelui Necaz. După Răpire, Antihristul, care înseamnă același lucru cu dușmanul diavol, va conduce lumea și nu va avea milă și compasiune pentru nimeni.

Dușmanul diavol și forțele Antihristului vor convinge oamenii să se lepede de Isus în orice mod pentru a-i duce în iad. Îi vor tortura pe credincioși, dar nu îi vor ucide imediat, folosind metode foarte abile de schingiuire. Toate tipurile de metode și aparate noi de tortură vor aduce credincioșilor panica supremă și dureri nemăsurate. Dar necazurile vor continua.

Oamenii chinuiți vor dori să fie uciși, dar ei nu pot alege moartea deoarece Antihristul nu îi va ucide cu ușurință, iar ei știu că moartea prin suicid nu duce niciodată la mântuire.

În viziunea pe care Dumnezeu mi-a arătat-o, majoritatea oamenilor nu vor putea îndura durerea torturii și se vor închina Antihristului. Pentru o perioadă, unii dintre aceștia vor reuși să îndure și să treacă peste durerile torturii cu voință de fier, dar după ce își vor vedea copiii sau părinții fiind torturați în același mod, ei vor abandona rezistența, se vor supune Antihristului și vor primi semnul fiarei.

Dintre cei chinuiți, doar câțiva, care au inimi adevărate, vor depăși aceste chinuri groaznice și aceste tentații viclene și vor muri o moarte de martir. Așadar, cei care își vor păstra credința prin martiriu în timpul Marelui Necaz, vor putea participa la parada mântuirii.

Calea spre mântuirea de la Necazul care va veni

Când a izbucnit cel de-Al Doilea Război Mondial, evreii, care trăiau liniștiți în Germania, nici nu-și imaginau carnagiul oribil al celor 6 milioane de oameni care îi aștepta. Nimeni nu știa și nu-și imagina că Germania, care le oferise pace și o stabilitate relativă, s-ar putea transforma subit într-o asemenea forță malefică într-o perioadă atât de scurtă de timp.

În acel moment, neștiind ce urma să se întâmple, evreii erau neajutorați și nu puteau face nimic pentru a evita suferințele. Dumnezeu dorește ca poporul Său ales să poată evita dezastrul care va veni în viitorul apropiat. De aceea, Dumnezeu a înregistrat fiecare detaliu în Biblie și le-a permis oamenilor Săi să avertizeze poporul lui Israel de viitoarele chinuri prin care va trece și să-l trezească. Cel mai important lucru pe care trebuie să-l știe poporul lui Israel este faptul că acest dezastru al Necazului nu poate fi evitat, iar, în loc de a putea evada din el, Israelul va fi prins chiar în centrul lui. Îmi doresc să realizați că aceste chinuri vor avea loc foarte repede și se vor abate asupra voastră dacă nu sunteți pregătiți. Trebuie să vă treziți din adormirea duhovnicească dacă doriți să scăpați de oribilul dezastru ce va veni.

Acum este momentul ca Israelul să se trezească! Evreii trebuie să se pocăiască pentru că nu L-au recunoscut pe Mesia și să-L accepte pe Isus Hristos ca mântuitor pentru toată omenirea și să posede credința adevărată pe care Dumnezeu dorește ca ei să o aibă pentru a fi răpiți cu bucurie când Domnul va veni prin văzduh.

Vă îndemn să rețineți că Antihristul va apărea ca mesagerul păcii, precum Germania înainte de cel de-Al Doilea Război Mondial. Vă va oferi pace și confort, dar foarte repede și pe neașteptate, acesta va deveni o mare forță care va aduce suferințe și dezastre inimaginabile.

Cele zece degete de la picioare

Biblia are multe pasage cu prorociri care se vor adeveri în viitor. În special, dacă ne uităm la prorocirile înregistrate în cărțile marilor proroci din Vechiul Testament, acestea ne vor spune dinainte nu doar despre viitorul Israelului, ci și despre viitorul lumii. Care credeți că este motivul? Poporul ales de Dumnezeu, Israelul, a fost, este și va fi în centrul istoriei omenirii.

Marele Chip din prorocirile lui Daniel

Cartea lui Daniel prorocește nu doar despre viitorul poporului lui Israel, ci și despre ceea ce se va alege de lume în zilele din urmă în legătură cu sfârșitul Israelului. În Daniel 2:31-33, Daniel a interpretat visul Împăratului Nebucadnețar prin inspirația lui Dumnezeu, iar interpretarea prorocea despre ceea ce se va întâmpla în zilele din urmă.

Tu, împărate, te uitai, și iată că ai văzut un chip mare. Chipul acesta era foarte mare și de o strălucire nemaipomenită. Stătea în picioare înaintea ta, și înfățișarea lui era înfricoșătoare. Capul chipului acestuia era de aur curat; pieptul şi braţele îi erau de argint; pântecele şi coapsele îi erau de aramă; fluierele picioarelor, de fier; picioarele, parte de fier şi parte de lut (Daniel 2:31-33).

Cum prorocesc aceste versuri despre situaţia lumii în zilele din urmă?

„Chipul mare" pe care Împăratul Nebucadneţar l-a văzut în visul său era de fapt Uniunea Europeană. Astăzi, lumea este controlată de două mari forţe – Statele Unite şi Uniunea Europeană. Bineînţeles, influenţele Rusiei şi Chinei nu pot fi ignorate. Dar, Statele Unite şi Uniunea Europeană vor fi încă cele mai influente puteri din lume în sferele economice şi militare.

Actualmente, UE pare a fi destul de slabă; dar se va extinde tot mai mult. Astăzi, nu mai există dubii în această privinţă. Până acum, SUA a fost naţiunea cea mai puternică din lume, dar încetul cu încetul, UE va domina tot mai mult lumea.

Acum câteva decenii, nimeni nu-şi imagina că ţările Europei s-ar putea unifica într-un singur sistem de guvernare. Bineînţeles, ţările Europei au discutat formarea unei asemenea Uniuni, dar nimeni nu-şi imagina că s-ar putea depăşi barierele culturale, lingvistice, monetare şi multe altele pentru a forma un corp unit.

Dar, de la începutul anilor '80, liderii statelor europene au început să discute serios problema, mai ales datorită dificultăţilor economice pe care le întâmpinau. În timpul celui de-Al Doilea Război Mondial, principala putere din lume era cea militară, dar după ce Războiul Rece s-a încheiat, puterea principală a trecut de la cea miliatră la cea economică.

Pentru a se pregăti, țările Europei au încercat să se unească și astfel a rezultat o Uniune Economică. Nu mai rămâne de realizat decât unificarea politică, într-un sistem guvernamental, iar situația de acum prevestește acest lucru.

„Chipul acesta era foarte mare și de o strălucire nemaipomenită", despre care vorbește Daniel în 2:31, prorocește despre creșterea și activitatea Uniunii Europene. Ne spune cât de puternică va fi Uniunea Europeană.

UE va avea mare putere

Cum de va avea UE atâta putere? Daniel 2:32 ne răspunde, explicând acest lucru prin felul în care este realizat chipul.

Mai întâi, Versetul 32 spune că: *„Capul chipului acestuia era de aur curat."* Aceasta prorocește faptul că UE se va întări pe plan economic și că va domina puterea economică prin acumularea bogățiilor. UE va câștiga mult prin unitatea economică după cum este prorocit aici.

Apoi, același verset spune că: *„pieptul și brațele îi erau de argint."* Aceasta simbolizează faptul că UE va apărea unită din punct de vedere social, cultural şi politic. Când va fi ales un singur preşedinte pentru a reprezenta UE, acesta va îndeplini politica de unitate pe faţă. Totuşi, într-o unitate incompletă, fiecare membru îşi va căuta propriul beneficiu economic.

Apoi, spune că: *„pântecele şi coapsele îi erau de aramă."* Aceasta simbolizează că UE va avea şi unitate militară. Fiecare ţară a UE doreşte să posede putere economică. Această unitate militară va fi fundamentală pentru scopurile economice, care sunt scopurile finale. Pentru a putea controla lumea prin puterea economică, va trebui să existe unitate socială, culturală, politică şi militară.

La sfârşit, ni se vorbeşte despre „fluierele picioarelor, de fier." Aceasta se referă la unitatea religioasă a UE. La început, UE va proclama catolicismul ca religie de bază. Catolicismul va prinde putere şi va deveni un mecanism de susţinere pentru a întări şi a menţine UE.

Sensul duhovnicesc ale celor zece degete de la picioare

Când UE va reuşi să unifice ţările din punct de vedere economic, politic, social, cultural, militar şi religios, va face paradă cu puterea şi unitatea sa la început, dar încetul cu încetul aceste ţări vor începe să arate semne de nemulţumire.

În stadiile timpurii ale UE, țările UE se vor uni deoarece se vor bucura de concesii economice reciproce. Dar, pe măsură ce timpul va trece, vor exista diferențe sociale, culturale, politice și ideologice și vor apărea neînțelegeri între ele. Apoi, vor apărea diferite semne de dezbinare. În cele din urmă, conflictele religioase vor exploda – conflicte între catolici și protestanți.

În Daniel 2:33, ni se vorbește despre „...*picioarele, parte de fier și parte de lut.*" Aceasta înseamnă că unele dintre cele zece degete vor fi făcute din fier, iar celelalte din lut. Cele zece degete nu se referă la cele „10 țări ale UE." Acestea se referă la cele „cinci țări catolice reprezentative și la cele cinci țări protestante reprezentative."

Așa cum fierul și lutul nu pot fi amestecate, țările în care catolicismul este religie dominantă și cele în care protestantismul este dominant nu pot fi unite în totalitate, adică, cele care domină și cele care sunt dominate nu se amestecă.

Pe măsură ce neînțelegerile în UE se vor înteți, se va simți nevoia ca țările să se unească în religie, iar catolicismul va câștiga mai multă putere în anumite locuri.

De aceea, pentru beneficiile economice, Uniunea Europeană se va forma în ultimele zile și apoi, va crește cu o putere nebănuită. Mai târziu, UE își va unifica religia drept catolică și unitatea UE va deveni și mai puternică, iar în final UE va apărea ca un idol.

Idolii sunt obiecte care sunt idolatrizate de către oameni. În acest sens, UE va conduce lumea cu putere imensă și va domni peste lume ca un idol puternic.

Al treilea război mondial şi Uniunea Europeană

Aşa cum am prezentat mai sus, când Domnul va veni din nou în zilele din urmă, nenumăraţi credincioşi vor fi ridicaţi în văzduh în acelaşi timp şi un haos nebănuit va cuprinde pământul. În acest timp, UE va prelua puterea şi va domina lumea în numele păstrării păcii, dar mai târziu UE se va opune Domnului şi va conduce lumea în Cei Şapte Ani ai Marelui Necaz.

Mai târziu, membrii UE se vor despărţi, deoarece îşi vor căuta propriile beneficii. Aceasta se va întâmpla la mijlocul acestei perioade de şapte ani. După cum este prorocit în cel de-al 12 Capitol al Cărţii lui Daniel, începutul celor şapte ani ai marelui necaz va avea loc potrivit cursului istoriei lui Israel şi a istoriei lumii.

Chiar după ce această perioadă va începe, UE va obţine puteri nemăsurate. Va fi ales un singur preşedinte al Uniunii. Aceasta se va întâmpla chiar după ce cei care L-au acceptat pe Isus Hristos drept mântuitor şi care au primit dreptul de a deveni copiii lui Dumnezeu sunt transformaţi pe loc şi ridicaţi în văzduh la cea de-a doua venire a Domnului prin văzduh.

Majoritatea evreilor care nu Îl primesc pe Isus ca Mântuitor vor rămâne pe pământ şi vor suferi în Cei Şapte Ani ai Marelui Necaz. Nefericirea şi ororile din timpul Marelui Necaz nu pot fi descrise. Pământul se va umple de cele mai groaznice lucruri, precum războaie și crime. Vor fi execuții, foamete, boli și calamități cum nu s-au mai văzut în istoria omenirii.

Începutul acestei perioade va fi semnalizat în Israel de către un război care va începe între Israel și Orientul Mijlociu. Tensiunile excesive au existat de mult între Israel și restul națiunilor din Orientul Mijlociu, iar disputele privind granițele nu au încetat. În viitor, această dispută se va acutiza. Va izbucni un război grav, deoarece puterile lumii vor interveni în afacerile cu petrol. Se vor certa una cu alta pentru a obține avantaje mai mari în afacerile internaționale.

Statele Unite, care au fost un aliat tradițional al Israelului de foarte mult timp, vor susține Israelul. Uniunea Europeană, China și Rusia, care sunt împotriva SUA, se vor alia cu Orientul Mijlociu, iar cel de-al treilea război mondial va izbucni între ambele părți.

Al treilea război mondial va fi complet diferit de cel de-al doilea, ca și dimensiune. În cel de-al doilea război mondial, peste 50 de milioane de oameni au fost omorâți sau au murit în urma războiului. Acum, puterea armelor moderne, inclusiv bombele nucleare, armele chimice și biologice și multe altele, nu poate fi comparată cu cea a celor din cel de-al doilea război mondial, iar rezultatele utilizării acestora vor fi devastatoare.

Toate tipurile de arme, inclusiv bombele nucleare și diferite arme actualizate care au fost inventate de atunci, vor fi folosite fără milă, și vor urma distrugeri și omoruri care nu pot fi descrise în cuvinte. Țările care au sponsorizat războiul vor fi complet distruse și sărăcite. Acesta nu va fi sfârșitul războiului. Exploziile nucleare vor fi urmate de radioactivitate, iar poluarea radioactivă, modificările climatice serioase și calamitățile vor acoperi întreaga planetă. Drept rezultat, întreaga planetă se va transforma în iadul pe pământ.

Pe la mijlocul războiului, ei vor opri atacurile cu arme nucleare, deoarece dacă armele nucleare sunt folosite prea mult timp, acestea vor amenința existența omenirii. Dar toate armele și multitudinea de armate vor accelera războiul. SUA, China și Rusia nu-și vor mai reveni niciodată.

Majoritatea țărilor din lume vor fi aproape doborâte, dar UE va scăpa de răul devastator. UE va promite Chinei și Rusiei susținerea sa, dar în timpul războiului, UE nu va participa activ în luptă pentru a nu suferi pierderi la fel de mari ca ale altora.

Când multe dintre puterile lumii, inclusiv SUA, vor suferi mari pierderi, UE va deveni cea mai mare putere și va domni peste lume. La început, UE va privi doar războiul, iar când celelalte țări vor fi distruse complet din punct de vedere economic și militar, atunci UE va ieși în față și va salva războiul. Celelalte țări nu vor avea altă șansă decât de a urma deciziile UE, deoarece își vor fi pierdut toată puterea.

Din acel moment, va începe cea de-a doua jumătate a perioadei de șapte ani ai marelui necaz, iar următorii trei ani și jumătate, Antihristul, care este conducătorul UE, va controla lumea și se va canoniza și îi va persecuta pe cei care i se vor opune.

Adevărata natură a Antihristului este dată în vileag

La începutul celui de-al treilea război mondial, mai multe țări vor suferi mari pierderi, iar UE le va promite susținere economică prin China și Rusia. Israelul va fi sacrificat ca punctul central al războiului, iar în acel moment, UE va promite să construiască templul sfânt al lui Dumnezeu pe care Israel și l-a dorit atât de mult. Atfel, Israel va visa la Slava de care s-au bucurat cu timp în urmă. Drept rezultat, și Israelul se va alia cu UE. Datorită susținerii Israelului, Președintele UE va fi considerat mântuitorul evreilor. Războiul din Orientul Mijlociu va părea că se apropie de sfârșit, iar UE va restabili Pământul Sfânt și va construi templul sfânt al lui Dumnezeu. Evreii vor crede că Mesia și Împăratul lor, pe care l-au așteptat atât de mult, a venit și a restabilit complet Israelul, slăvindu-i.

Dar speranțele și bucuria lor vor pieri în curând. Când templul sfânt al lui Dumnezeu va fi reconstruit la Ierusalim, se va întâmpla ceva neașteptat. Acest lucru a fost prorocit în Cartea lui Daniel.

El va face un legământ trainic cu mulți timp de o săptămână, dar la jumătatea săptămânii va face să înceteze jertfa și darul de mâncare, și pe aripa urâciunilor idolești va veni unul care pustiește, până va cădea asupra celui pustiit prăpădul hotărât (Daniel 9:27).

Nişte oşti trimise de el vor veni şi vor spurca Sfântul Locaş, cetăţuia, vor face să înceteze jertfa necurmată şi vor aşeza urâciunea pustiitorului. Va ademeni prin linguşiri pe cei ce rup legământul (Daniel 11:31).

De la vremea când va înceta jertfa necurmată şi de când se va aşeza urâciunea pustiitorului, vor mai fi o mie două sute nouăzeci de zile (Daniel 12:11).

Aceste trei versete fac aluzie la un singur incident pe care îl au toate în comun. Acesta este chiar incidentul care va avea loc în zilele din urmă, iar Isus a vorbit şi El despre sfârşitul lumii în acest verset.

El a spus în Matei 24:15-16: *„De aceea, când veţi vedea „urâciunea pustiirii", despre care a vorbit prorocul Daniel, „aşezată în Locul Sfânt" – cine citeşte să înţeleagă! – atunci, cei ce vor fi în Iudeea să fugă la munţi."*

La început, evreii vor crede că UE a reconstruit templul sfânt al lui Dumnezeu în Pământul Sfânt pe care ei l-au considerat sfânt, dar când se va dezlănţui necazul, vor fi şocaţi şi îşi vor da seama că şi-au întors ochii de la Isus Hristos şi că El este Mântuitorul şi Mesia omenirii.

Acesta este motivul pentru care Israelul trebuie să se trezească acum. Dacă nu face acest lucru, nu va putea înțelege adevărul atunci când va veni. Israelul va realiza adevărul prea târziu și acest lucru va fi irevocabil.

Îți doresc din suflet, Israele, să te trezești pentru a nu cădea în tentațiile Antihristului și pentru ca să nu primești semnul fiarei. Dacă ești dezamăgit de cuvintele tentante ale Antihristului, care-ți promite pace și prosperitate, și vei primi semnul fiarei, 666, vei fi nevoit să cazi pe calea unei morți veșnice și irevocabile.

Ceea ce e și mai de milă e faptul că, doar după ce identitatea fiarei este dezvăluită, așa cum a fost prorocit de Daniel, mulți evrei își vor da seama că punctul central al credinței lor a fost greșit. Prin această carte, doresc să-L acceptați pe Mesia trimis deja de Dumnezeu și să nu cădeți în Cei Șapte Ani ai Marelui Necaz.

Așadar, așa cum am mai spus, trebuie să-L acceptați pe Isus Hristos și să aveți credința care este corectă în ochii lui Dumnezeu. Este singura modalitate pentru a scăpa de Cei Șapte Ani ai Marelui Necaz.

Ce păcat că nu veți fi ridicați în văzduh și veți fi lăsați pe pământ la a Doua Venire a Domnului! Dar, din fericire, veți mai avea o șansă pentru mântuire.

Vă conjur să-L acceptați pe Isus Hristos imediat, pentru a trăi în părtășie cu frații și surorile întru Hristos. Dar chiar și acum nu este prea târziu să învățați din Biblie și din această carte cum să vă păstrați credința și să descoperiți modul în care Dumnezeu v-a pregătit ultima șansă de mântuire.

Iubirea neţărmurită a lui Dumnezeu

Dumnezeu şi-a îndeplinit providenţa pentru mântuirea omenirii prin Isus Hristos şi, indiferent de rasă şi de neam, oricine Îl acceptă pe Isus ca Mântuitorul său şi face voia lui Dumnezeu, Dumnezeu îl face copilul Său şi îi permite să se bucure de viaţa veşnică.

Dar ce s-a întâmplat cu Israel şi cu poporul său? Mulţi dintre aceştia nu L-au acceptat pe Isus Hristos şi stau departe de calea mântuirii. Ce păcat că nu au înţeles calea mântuirii prin Isus Hristos înainte ca Domnul să vină prin văzduh ca să-Şi ridice copiii mântuiţi la ceruri!

Ce se va alege de poporul ales al lui Dumnezeu? Va fi el exclus din parada copiiilor mântuiţi de Dumnezeu? Dumnezeul iubirii a pregătit planul său minunat pentru Israel în ultimul moment al istoriei omenirii.

Dumnezeu nu este un om ca să mintă, nici un fiu al omului, ca să-I pară rău. Ce a spus, oare nu va face? Ce a făgăduit, oare nu va împlini? (Numeri 23:19).

Care este ultima providenţă pe care Dumnezeu a plănuit-o pentru Israel în zilele din urmă? Dumnezeu a pregătit calea spre

„culesul mântuirii" pentru poporul său ales, Israel, pentru ca aceștia să poată intra în mântuire dându-și seama că Isus pe care L-au răstignit este chiar Mesia pe care Îl așteptau.

Culesul mântuirii

În timpul Celor Șapte Ani de Mare Necaz, deoarece au fost martori ai multor oameni care s-au ridicat în văzduh și au ajuns să cunoască adevărul, unii oameni care au fost lăsați pe pământ vor crede și vor accepta în inimile lor faptul că raiul și iadul există, că Dumnezeu este viu și că Isus Hristos este singurul nostru mântuitor. Pe lângă aceasta, ei vor încerca să nu primească semnul fiarei. După Răpire, ei vor citi cuvântul lui Dumnezeu din Biblie și vor încerca să trăiască potrivit cuvântului Lui.

În etapele de început ale Celor Șapte Ani de Mare Necaz, mulți oameni vor putea să ducă vieți religioase și chiar să-i evanghelizeze pe alții, deoarece nu vor exista încă persecuții organizate. Ei nu vor primi semnul fiarei, deoarece ei știu deja că nu pot fi mântuiți prin acesta și vor încerca să ducă vieți prin care să poată fi mântuiți chiar și în timpul Celor Șapte Ani de Mare Necaz. Dar va fi foarte greu să-și păstreze credința, deoarece Duhul Sfânt va fi părăsit această lume.

Mulți dintre ei vor vărsa lacrimi, deoarece nu va mai exista nimeni care să oficieze serviciile divine și care să le crească credința. Vor trebui să-și păstreze credința fără protecția și puterea lui Dumnezeu. Ei vor fi în doliu, deoarece vor trebui să regrete că nu au urmat învățăturile lui Dumnezeu, deși au fost sfătuiți să-L accepte pe Isus Hristos și să ducă vieți credincioase. Vor trebui să-și păstreze credința sub persecuții și încercări într-o lume în care vor găsi cu greu cuvântul lui Dumnezeu.

Unii dintre ei se vor ascunde în munții îndepărtați pentru a nu primi semnul fiarei, 666. Ei vor trebui să caute rădăcini de plante și copaci și să omoare animale, deoarece nu vor putea cumpăra sau vinde nimic pentru a obține mâncare fără semnul fiarei. Dar în cea de-a doua parte a Celor Șapte Ani de Mare Necaz, timp de trei ani și jumătate, armata Antihristului va urmări cu strictețe și atenție credincioșii. Nu va conta în ce munți îndepărtați se vor ascunde, pentru că tot vor fi descoperiți și prinși de către armată.

Guvernul fiarei îi va prinde pe cei care nu au primit semnul fiarei și îi va forța să se lepede de Domnul și să primească semnul prin torturi groaznice. În cele din urmă, mulți dintre ei vor capitula și nu vor avea altă opțiune decât să primească semnul datorită durerii înfiorătoare pe care nu o vor putea suporta.

Armata îi va atârna de perete și le va străpunge trupurile cu un burghiu. Îi vor jupui din cap până-n picioare. Le vor tortura copiii înaintea ochilor lor. Torturile pe care armata le va utiliza asupra lor vor fi foarte crude, așa că le va fi foarte dificil să moară ca niște martiri.

Doar câțiva vor reuși să supraviețuiască acestor torturi cu o voință puternică și vor muri ca martiri pentru a primi mântuirea și pentru a ajunge în ceruri. Așadar, unii oameni vor fi mântuiți deoarece își păstrează credința fără să-L trădeze pe Domnul și își sacrifică viețile prin martiriu sub controlul Antihristului în timpul Marelui Necaz. Aceasta poartă numele de „culesul mântuirii."

Dumnezeu are secrete neștiute pe care El le-a pregătit pentru culesul mântuirii poporului Său ales, Israel. Acestea sunt Cei Doi Martori și localitatea Petra.

Apariția și preoția celor Doi Martori

Apocalipsa 11:3 spune că: *„Voi da celor doi martori ai mei să prorocească, îmbrăcați în saci, o mie două sute șaizeci de zile."* Cei Doi Martori sunt persoanele pe care Dumnezeu le-a destinat în planul Său încă înainte de vremuri, pentru a mântui poporul Său ales, Israel. Aceștia vor mărturisi evreilor din Israel că Isus Hristos este Mesia din Vechiul Testament.

Dumnezeu mi-a vorbit de cei doi martori. Mi-a explicat că aceștia nu sunt bătrâni, că sunt neprihăniți și că au inimi bune. Mi-a spus ce mărturisire face unul dintre ei în fața lui Dumnezeu. Mărturia sa spune că el a crezut în iudaism, dar că a auzit că mulți oameni cred în Isus Hristos ca fiind Mântuitorul și vorbesc despre El. Așa că se roagă lui Dumnezeu să-l ajute să înțeleagă ce este corect și adevărat spunând:

„O, Doamne!

Care e povara din inima mea?

Cred că toate lucrurile sunt adevărate,
Cele pe care le-am auzit de la părinţii mei şi pe care le-am spus
De când sunt copil,
Dar ce reprezintă întrebările din inima mea?

Mulţi oameni vorbesc despre Mesia.

Dar dacă oamenii mi-ar arăta dovezi clare
Dacă trebuie să-i credem
Sau să credem doar ce am auzit noi de când ne-am născut,
Aş fi fericit şi mulţumit.

Dar nu văd nimic,
Şi pentru a înţelege despre ce vorbesc aceşti oameni,
Trebuie să iau în considerare toate lucrurile pe care le-am învăţat de când am fost mic
Ca fiind fără sens şi prosteşti.
Care dintre ele e bună în viziunea Ta?

Tată Dumnezeule!
Dacă poţi,
Arată-mi o persoană
Care poate înţelege totul.
Să vină să mă înveţe
Ce este sigur şi ce înseamnă adevăr adevărat.

Când mă uit înspre cer,

Am poverile astea pe suflet,
Şi dacă cineva poate rezolva această problemă,
Îndrumă-l spre mine.

Nu-mi pot da la o parte din inimă toate lucrurile în care am crezut,
Şi pe măsură ce înţeleg aceste lucruri noi,
Dacă este cineva care mă poate învăţa şi mi le poate arăta,
Mă voi lepăda de toate lucrurile pe care le-am învăţat.

Aşadar, Tată Dumnezeule!
Te rog, îndrumă-l spre mine!

Adu-mi înţelegere pentru aceste lucruri.

Sunt confuz în multe privinţe.
Eu cred că tot ceea ce am auzit până acum e adevărat.

Dar, pe măsură ce mă tot gândesc la ele,
Apar noi întrebări, iar setea mea nu e potolită;
De ce oare?

Aşadar, doar dacă văd lucrurile acestea
Şi pot fi sigur de ele;
Doar dacă pot fi sigur că nu e o trădare
Împotriva căii în care am umblat până acum;
Doar dacă pot vedea ce înseamnă adevărul;

Priviţi şi ascultaţi!

Doar dacă pot ajunge să cunosc toate lucrurile
La care mă gândesc,
Atunci voi reuși să am pace în inimă."

Doi martori, care sunt evrei, caută adevărul adevărat, iar Dumnezeu le va răspunde și le va trimite un om al lui Dumnezeu. Prin acesta, ei vor înțelege providența cultivării umane a lui Dumnezeu și Îl vor accepta pe Isus Hristos. Vor sta pe pământ în timpul Celor Șapte Ani de Mare Necaz și vor propovădui pocăința și mântuirea poporului lui Israel. Ei vor primi putere specială de la Dumnezeu și vor mărturisi pentru Isus Hristos Israelului.

Ei vor veni complet sfințiți în fața lui Dumnezeu și își vor îndeplini misiunea timp de 42 de luni, după cum scrie în Apocalipsa 11:2. Motivul pentru care cei Doi Martori vin din Israel este deoarece începutul și sfârșitul evangheliei este Israelul. Evanghelia a fost propovăduită lumii de către Apostolul Pavel, iar acum, dacă evanghelia ajunge din nou în Israel, care este punctul de plecare, atunci lucrările evangheliei vor fi terminate.

Isus a spus în Faptele Apostolilor 1:8 următoarele: *„Ci voi veți primi o putere, când Se va coborî Duhul Sfânt peste voi, și-Mi veți fi martori în Ierusalim, în toată Iudeea, în Samaria și până la marginile pământului."* „Marginile pământului" se referă aici la Israel, care este destinația finală a Evangheliei.

Cei doi martori vor propovădui mesajul crucii evreilor

și le vor explica despre modul de mântuire prin puterea lui Dumnezeu. Iar ei vor înfăptui minuni și semne miraculoase care vor confirma mesajul. Ei vor avea puterea de a închide cerurile pentru ca ploaia să nu mai cadă în zilele prorocirilor lor și vor avea putere să transforme apele în sânge și să aducă pe pământ orice molimă cât de des doresc.

Prin aceasta, mulți evrei se vor întoarce către Domnul, dar în același timp alții vor încerca să-i ucidă pe cei Doi Martori. Nu doar evreii, ci și mulți oameni răi din alte țări de sub controlul Antihristului îi vor urî pe cei Doi Martori și vor încerca să-i ucidă.

Martiriul și învierea celor Doi Martori

Puterea pe care o au cei doi martori este atât de mare încât nimeni nu va îndrăzni să le facă rău. În cele din urmă, autoritățile națiunii vor participa la uciderea lor. Dar motivul pentru care cei doi martori vor fi uciși nu este datorită autorităților, ci deoarece voința lui Dumnezeu este ca ei să fie martirizați la momentul ales. Locul în care vor fi martirizați nu este altul decât locul răstignirii lui Isus și implică învierea.

Când Isus a fost răstignit, soldații romani îi păzeau mormântul pentru ca nimeni să nu-I poată lua trupul. Dar mai târziu, trupul Său nu a mai fost găsit deoarece El a înviat. Cei care i-au omorât pe cei doi martori își vor aminti de acest lucru și vor fi îngrijorați ca nimeni să nu le ia trupurile. Așadar, nu vor permite ca trupurile lor să fie îngropate în mormânt, ci le vor așeza trupurile moarte pe stradă pentru ca toți oamenii să le vadă. La această priveliște, acei oameni răi ale căror conștiințe le-au fost tăiate datorită evangheliei propovăduite de cei Doi Martori, se vor bucura foarte mult la vederea morții lor.

Întreaga lume se va bucura și va sărbători, iar mass-media va împrăștia noutățile privind morțile acestora întregii lumi prin intermediul sateliților timp de trei zile și jumătate. După aceste zile, va avea loc învierea celor Doi Martori. Ei vor învia, vor fi ridicați la ceruri în norul slavei, așa cum Ilie a fost ridicat în rotocoale. Această scenă uimitoare va fi transmisă în toată lumea, nenumărați oameni fiind martorii ei.

În acel moment, va avea loc un cutremur, iar o zecime din cetate va cădea și șapte mii de oameni vor muri. Apocalipsa 11:3-13 descrie aceste lucruri în detaliu după cum urmează.

Voi da celor doi martori ai mei să prorocească, îmbrăcați în saci, o mie două sute șaizeci de zile. Aceștia sunt cei doi măslini și cele două sfeșnice, care stau înaintea Domnului pământului. Dacă umblă cineva să le facă rău, le iese din gură un foc, care mistuie pe vrăjmașii lor; și, dacă vrea cineva să le facă rău, trebuie să piară în felul acesta. Ei au putere să închidă cerul, ca să nu cadă ploaie în zilele prorociei lor; și au putere să prefacă apele în sânge și să lovească pământul cu orice fel de urgie, ori de câte ori vor voi. Când își vor isprăvi mărturisirea lor, fiara, care se ridică din Adânc, va face război cu ei, îi va birui și-i va omorî. Și trupurile lor moarte vor zăcea în piața cetății celei mari, care, în înțeles duhovnicesc, se cheamă „Sodoma" și „Egipt", unde a fost răstignit și Domnul lor. Și oameni din orice norod, din orice seminție, de orice limbă și de orice neam vor sta trei zile și jumătate și vor privi trupurile lor moarte și nu vor da voie ca trupurile lor moarte să fie puse în mormânt. Și locuitorii de pe pământ se vor bucura și se vor înveseli de ei; și își vor trimite daruri unii altora, pentru că acești doi proroci chinuiseră pe locuitorii pământului. Dar, după cele trei zile și jumătate, duhul de viață de la Dumnezeu a intrat în ei și s-au ridicat în picioare, și o mare frică a apucat pe cei ce i-au văzut. Și au auzit din cer un glas tare, care le zicea: „Suiți-vă aici!" Și s-au suit într-un nor spre cer; iar vrăjmașii lor i-au văzut. În clipa aceea s-a făcut un mare cutremur de pământ și s-a prăbușit a zecea parte din cetate. Șapte mii de oameni au fost uciși în cutremurul acesta de pământ. Și cei rămași s-au îngrozit și au dat slavă Dumnezeului cerului (Apocalipsa 11:3-13).

Oricât de încăpățânați vor fi, dacă au măcar puțină bunătate în inimi, își vor da seama că marele cutremur și învierea și ridicarea la ceruri a celor Doi Martori reprezintă lucrările lui Dumnezeu și Îi vor arăta slavă lui Dumnezeu. Vor fi nevoiți să realizeze că

Isus a înviat datorită puterii lui Dumnezeu acum 2.000 de ani. Indiferent de aceste întâmplări, anumiți oameni răi nu Îl vor slăvi pe Dumenezeu.

Vă îndemn pe toți să acceptați iubirea lui Dumnezeu. Până în ultimul moment, Dumnezeu dorește să vă mântuiască și dorește să ascultați de cei Doi Martori. Cei Doi Martori vor mărturisi cu puterea mare pe care o au de la Dumnezeu. Vor trezi mulți oameni vorbind despre iubirea și voința lui Dumnezeu pentru ei. Și vă vor conduce pentru a prinde ultima șansă pentru mântuire.

Vă rog să nu stați lângă dușmanii care aparțin diavolului, care vă vor duce pe calea distrugerii, ci să-i ascultați pe cei Doi Martori și să atingeți mântuirea.

Petra, un refugiu pentru evrei

Celălalt secret pe care Dumnezeu l-a destinat poporului Său ales, Israel, este Petra, un refugiu în timpul Celor Șapte Ani de Mare Necaz. Isaia 16:1-4 ne explică ce înseamnă Petra.

Trimiteți miei cârmuitorului țării, trimiteți-i din Sela, prin pustiu, la muntele fiicei Sionului! Ca o pasăre fugară, izgonită din cuib, așa vor fi fiicele Moabului, la trecerea Arnonului. – Și vor zice: „Sfătuiește, mijlocește, acoperă-ne ziua în amiaza mare cu umbra ta, ca noaptea neagră, ascunde pe cei ce sunt urmăriți, nu da pe față pe cei fugiți! Lasă să locuiască pentru o vreme la tine cei goniți din Moab, fii un loc de scăpare pentru ei împotriva pustiitorului! Căci apăsarea va înceta, pustiirea se va sfârși, cel ce calcă țara în picioare va pieri.

Moabul este Iordanul din partea de est a Israelului. Petra este un sit arheologic în Iordania de sud-vest, care se întinde pe panta Muntelui Hor, într-un bazin din munți care formează malul estic al Arabah (Wadi Araba), imensa vale care se întinde de la Marea Moartă spre Golful Aqaba. Petra este identificată adesea cu Sela, care mai înseamnă și piatră, cu referințe biblice în 2 Regi 14:7 și Isaia 16:1.

După ce Domnul va veni din nou prin văzduh, El va primi persoanele mântuite și se va bucura de Ospățul de Nuntă de Șapte Ani, și apoi va veni din nou pe pământ cu ei și va domni peste lume în timpul Celor o Mie de Ani. Timp de șapte ani, de la a Doua Venire a Domnului prin văzduh pentru răpire până la coborârea Sa pe pământ, Marele Necaz va acoperi pământul, iar timp de trei ani și jumătate în timpul celei de-a doua jumătăți a Marelui Necaz – timp de 1.260 de zile, poporul Israelului se va ascunde în locul pregătit potrivit planului lui Dumnezeu. Ascunzătoarea este Petra (Apocalipsa 12:6-14).

De ce vor avea nevoie evreii de acea ascunzătoare?

După ce Dumnezeu a ales poporul lui Israel, acesta a fost

atacat și persecutat de multe neamuri ale gentililor. Motivul este acela că diavolul a încercat să împiedice Israelul să primească binecuvântările lui Dumnezeu. Același lucru se va întâmpla și în zilele din urmă.

Când evreii își vor da seama, prin cei Șapte Ani de Mare Necaz, că Mesia și Mântuitorul lor este Isus, care a venit pe pământ acum 2.000 de ani, și vor încerca să se pocăiască, diavolul îi va persecuta până la capăt pentru a-i împiedica să-și păstreze credința.

Dumnezeu, care știe totul, a pregătit ascunzătoarea pentru poporul său ales, Israel, prin care Își demonstrează iubirea pentru ei. Potrivit planului și iubirii Sale, poporul lui Israel va intra în Petra pentru a scăpa de distrugători.

Așa cum Isus a spus în Matei 24:16: *„atunci, cei ce vor fi în Iudeea să fugă la munți"*, evreii vor putea să scape de Cei Șapte Ani de Mare Necaz în ascunzătoarea din munți și își vor putea păstra credința și vor putea atinge mântuirea acolo.

Când îngerul morții i-a omorât pe toți pruncii din Egipt, evreii s-au contactat unul pe altul în secret și au scăpat punând sânge de miel pe cei doi stâlpi și pe pragul ușii lor.

La fel, evreii se vor contacta repede și se vor gândi unde să plece înainte ca Antihristul să-i aresteze. Vor ști de Petra, deoarece mulți evanghelici au mărturisit despre această ascunzătoare și chiar și cei care nu au crezut în ea, își vor schimba părerea și o vor căuta.

Această ascunzătoare nu va putea ascunde atâția oameni. De

fapt, mulți dintre cei care s-au pocăit prin Cei Doi Martori nu se vor ascunde la Petra și își vor păstra credința în timpul Marelui Necaz și vor muri ca niște martiri.

Iubirea lui Dumnezeu prin Cei Doi Martori și prin Petra

Dragi frați și surori, ați pierdut șansa mântuirii prin Răpire? Atunci, nu ezitați să mergeți la Petra, ultima șansă pentru mântuirea voastră dată prin slava lui Dumnezeu. În curând, dezastre oribile vor veni din partea Antihristului. Trebuie să vă ascundeți la Petra înainte ca ușa ultimei slăvi să fie închisă de către Antihrist.

Nu ați reușit să intrați în Petra? Atunci, singura modalitate pentru a atinge mântuirea și a intra în ceruri este de a nu-L nega pe Domnul și de a nu primi semnul fiarei, „666." Trebuie să depășiți toate tipurile de torturi inimaginabile și să muriți ca niște martiri. Nu este simplu deloc, dar va trebui să faceți acest lucru pentru a scăpa de durerile veșnice din cazanul cu smoală.

Îmi doresc din tot sufletul să nu vă întoarceți de la calea mântuirii și să vă amintiți de iubirea nețărmurită a lui Dumnezeu tot timpul și să treceți cu vitejie peste toate obstacolele. În timp ce vă veți lupta contra tuturor tipurilor de tentații și persecuții cu care Antihristul vă va încerca, noi, frații și surorile întru credință ne vom ruga fără încetare ca să reușiți.

Dar dorința noastră cea mai mare este să-L acceptați pe Isus Hristos înainte ca aceste lucruri să se întâmple și să fiți ridicați la ceruri cu noi și să participați la Ospățul de Nuntă când Domnul nostru va veni din nou. Ne rugăm fără încetare cu lacrimi de iubire pentru ca Dumnezeu să-și amintească de actele de credință ale strămoșilor voștri și de legămintele pe care le-a făcut cu ei pentru a vă oferi slava mântuirii din nou.

În marea Sa iubire, Dumnezeu i-a pregătit pe Cei Doi Martori și pe Petra pentru a-L putea accepta pe Isus Hristos ca Mesia și Mântuitor și pentru a atinge mântuirea. Până în ultimul moment din istoria omenirii, vă îndemn să vă amintiți de această iubire nețărmurită a lui Dumnezeu care nu vă va trăda niciodată.

Înainte de a-i trimite pe Cei Doi Martori ca pregătire pentru Marele Necaz care urmează să vină, Dumnezeul iubirii va trimite un om al lui Dumnezeu, care vă va spune ce se va întâmpla la sfârșitul vremii și vă va conduce pe calea mântuirii. Dumnezeu dorește ca niciunul dintre voi să nu rămână în mijlocul Celor Șapte Ani de Mare Necaz. Chiar dacă veți rămâne pe pământ după Răpire, El dorește ca voi să vă prindeți de ultima frânghie a mântuirii. Aceasta este marea iubire a lui Dumnezeu.

Nu mai este mult până vor începe Cei Șapte Ani de Mare Necaz. În cel mai mare necaz din istoria omenirii, Dumnezeul nostru își va îndeplini planul Său iubitor pentru tine, popor al lui Israel. Istoria cultivării umane va fi încheiată odată cu încheierea istoriei poporului lui Israel.

Să presupunem că evreii ar înțelege voința adevărată a lui Dumnezeu și L-ar accepta pe Isus drept Mântuitorul lor imediat. Atunci, chiar dacă istoria poporului lui Israel înregistrată în Biblie ar trebui corectată și rescrisă, Dumnezeu ar face acest lucru cu bucurie. Acest lucru s-ar datora iubirii lui Dumnezeu pentru poporul lui Israel, care depășește orice imaginație.

Dar mulți evrei au mers, merg și vor merge pe drumul lor până în momentul critic. Dumnezeul cel Aotoputernic, care știe tot ceea ce se va întâmpla în viitor, a păstrat ultima șansă pentru mântuirea voastră și vă va conduce cu iubirea Sa nețărmurită.

Iată, vă voi trimite pe prorocul Ilie înainte de a veni ziua Domnului, ziua aceea mare și înfricoșată. El va întoarce inima părinților spre copii și inima copiilor spre părinții lor, ca nu cumva, la venirea Mea, să lovesc țara cu blestem! (Maleahi 4:5-6).

Îi mulțumesc și Îl slăvesc pe Dumnezeu, care călăuzește calea spre mântuire nu doar pentru Israel, poporul Său ales, ci pentru toate neamurile, cu iubirea Sa nețărmurită.

Autorul:
Dr. Jaerock Lee

Dr. Jaerock Lee s-a născut în anul 1943 în Muan, provincia Jeonnam din Republica Coreea. În jurul vârstei de douăzeci de ani, s-a înbolnăvit de nenumărate boli incurabile din cauza cărora a suferit timp de şapte ani şi îşi aştepta moartea fără vreo speranţă de vindecare. Însă, într-o zi din primăvara anului 1974, condus fiind de sora sa la o biserică în care a îngenunchiat să se roage, Dumnezeul cel Viu l-a vindecat instantaneu de toate bolile.

Din momentul în care dr. Lee L-a întâlnit pe Dumnezeul cel Viu prin acea experienţă minunată, L a iubit din toată inima şi cu toată sinceritatea, iar în anul 1978 a fost chemat să fie un slujitor al lui Dumnezeu. S-a rugat stăruitor să înţeleagă voia lui Dumnezeu cu claritate, să o împlinească pe deplin şi să asculte de Cuvântul lui Dumnezeu. În anul 1982, a fondat Biserica Centrală Manmin în Seul, Coreea de Sud, biserică în care au avut loc nenumărate lucrări ale lui Dumnezeu, inclusiv vindecări miraculoase şi minuni.

În 1986, dr. Lee a fost ordinat ca pastor în cadrul întâlnirii anuale a bisericii „Jesus' Sungkyul Church of Korea", iar patru ani mai târziu, în 1990, predicile sale au început să fie transmise în Australia, Rusia, Filipine şi multe alte ţări de către Far East Broadcasting Company, Asia Broadcast

Station și Washington Christian Radio System.

Trei ani mai târziu, în 1993, Biserica Centrală Manmin a fost selecționată printre „Primele 50 de biserici din lume" de către revista *Christian World* din S.U.A., iar pastorul Jaerock Lee a primit din partea colegiului Christian Faith College, Florida, S.U.A. titlul de doctor onorific în teologie. În 1996 a terminat doctoratul în domeniul slujirii creștine la Kingsway Theological Seminary, statul Iowa, din S.U.A.

Începând din anul 1993, dr. Lee a preluat un loc de conducere în misiunea mondială prin nenumărate campanii de evanghelizare ținute peste hotare, în Tanzania, Argentina, în S.U.A în orașele: Los Angeles, Baltimore, New York, în statul Hawaii, în Uganda, Japonia, Pakistan, Kenya, Filipine, Honduras, India, Rusia, Germania, Peru, Republica Democrată Congo, Israel și Estonia.

În 2002 a fost numit un „pastor internațional" de către publicații creștine foarte cunoscute din Coreea pentru lucrarea sa din însemnate campanii unite de evanghelizare internaționale. Campania New York 2006, care s-a ținut în cea mai faimoasă arenă, Madison Square Garden, a fost transmisă în 220 de țări, iar în Campania Unită Israel 2009, care s-a ținut în Convention Center din Ierusalim, a proclamat cu îndrăzneală că Isus Cristos este Mesia și Mântuitorul. Predicile sale sunt transmise în 176 de țări prin satelit, inclusiv prin GNC TV și a fost numit printre primii 10 lideri creștini însemnați în 2009 și 2010 de revista rusească *In Victory* și de agenția *Christian Telegraph* pentru emisiunile sale televizate și lucrarea de păstorire internațională.

În martie 2019, numărul membrilor Bisericii Centrale Manim era de peste 130.000. Biserica are 11.000 de filiale în lume, care includ cele 55 de filiale din țară. Până în prezent, peste 96 de misionari au fost trimiși în 25 de țări, inclusiv S.U.A, Rusia, Germania, Canada, Japonia, China, Franța, India, Kenya și în multe alte țări.

Până la data publicării acestei cărți, dr. Lee a scris 115 de cărți, inclusiv cărțile de mare succes *Gustând Viața Înainte de Moarte, Viața Mea, Credința Mea I și II, Mesajul Crucii, Măsura Credinței, Cerul I și II, Iadul și Puterea lui Dumnezeu*. Scrierile sale au fost traduse în peste 76 de limbi.

Articolele sale creștine apar în publicațiile *Hankook Ilbo, JoongAng Daily, Chosun Ilbo, Dong-A Ilbo, Munhwa Ilbo, Seoul Shinmun, Kyunghyang Shinmun, Hankyoreh Shinmun, Korea Economic Daily, Shisa News* și *Christian Press*.

Dr. Lee deține în prezent funcții de conducere în cadrul mai multor organizații și asociații misionare printre care: președintele consiliului bisericii United Holiness Church of Christ, președinte al Misiunii Mondiale Manmin (Manmin World Mission), președinte permanent al asociației World Christianity Revival Mission Association, fondatorul și președintele consiliului de conducere al rețelei Global Christian Network (GCN), fondatorul și președintele consiliului director al rețelei World Christian Doctors Network (WCDN) și al Seminarului Internațional Manmin (Manmin International Seminary -MIS).

Alte cărți de același autor

Cerul I & II

O prezentare detaliată a ambianței strălucitoare de care se vor bucura cetățenii cerului și o frumoasă descriere a diferitelor niveluri ale împărățiilor cerești

Mesajul Crucii

Un mesaj răsunător de trezire spirituală pentru toți cei adormiți spiritual! În această carte este prezentat motivul pentru care Isus este singurul mântuitor și expresia dragostei adevărate a lui Dumnezeu.

Iadul

Un mesaj convingător pentru toată omenirea din partea lui Dumnezeu care dorește ca niciun suflet să nu piară în abisul iadului! Veți citi relatarea nedezvăluită până acum despre realitatea cruntă din locuința morților și din iad.

Viața Mea, Ccredința Mea I

Oferă cititorilor săi cea mai înmiresmată aromă spirituală a unei vieți care a înflorit cu o dragoste fără egal pentru Dumnezeu, în mijlocul valurilor întunecate ale vieții, a jugului rece și în culmea disperării.

Măsura Credinței

Ce fel de locaș, cunună și răsplată vă sunt pregătite în cer? Această carte vă oferă călăuzire și înțelepciune pentru a determina unde vă este nivelul de credință și pentru a cultiva o credință de cel mai înalt grad de maturitate.

www.urimbooks.com

www.ingramcontent.com/pod-product-compliance
Lightning Source LLC
LaVergne TN
LVHW041812060526
838201LV00046B/1227